河北农业品牌发展报告

（2023-2024年度）

王旭东　王琰琨　王俊芹　宗义湘　张　亮　郄宏彬　主编

中国农业科学技术出版社

图书在版编目（CIP）数据

河北农业品牌发展报告. 2023—2024年度 / 王旭东等主编. -- 北京：中国农业科学技术出版社，2025.2.
ISBN 978-7-5116-7214-8

Ⅰ.F327.22

中国国家版本馆CIP数据核字第2024BU4779号

责任编辑	李　娜　朱　绯
责任校对	马广洋
责任印制	姜义伟　王思文

出 版 者　中国农业科学技术出版社
　　　　　北京市中关村南大街12号　　邮编：100081
电　　话　（010）62111246（编辑室）　　（010）82106624（发行部）
　　　　　（010）82109709（读者服务部）
网　　址　https://castp.caas.cn
经 销 者　各地新华书店
印 刷 者　北京建宏印刷有限公司
开　　本　190 mm×270 mm　1/16
印　　张　9.25
字　　数　180千字
版　　次　2025年2月第1版　2025年2月第1次印刷
定　　价　98.00元

◆─── 版权所有·翻印必究 ───◆

《河北农业品牌发展报告（2023—2024年度）》
编委会

顾　　问：苗冰松　赵邦宏
主　　编：王旭东　王琰琨　王俊芹　宗义湘
　　　　　张　亮　郄宏彬
副 主 编：马　磊　刘　霞　王丽丽　樊梦瑶
　　　　　于　洁　郭丽华　白　丽
参　　编（按姓氏笔画排序）：
　　　　　丁志军　于玉洋　马　明　王　虎
　　　　　王正阳　王英俊　王洪印　王晓燕
　　　　　王海丰　车寒梅　牛　永　牛子续
　　　　　邓光远　田　蜜　白雪洺　吕　悦
　　　　　乔立娟　任　喆　刘　雷　孙华峰
　　　　　孙明清　李　跃　李如欣　李泽林
　　　　　李建朝　李春贞　李紫轩　杨书信
　　　　　杨炜翰　吴　曼　宋　焕　宋森鑫
　　　　　张　杨　邵　建　罗春青　周海涛
　　　　　郑　鹏　郑海光　赵　魏　赵振林
　　　　　郝瑞春　胡鑫怡　高军花　郭旭彦
　　　　　曹　坤　曹印泽　曹丽霞　梁希晨
　　　　　韩志莹　韩继强　廖志峰　魏红杰

项目支持

保定市农业农村局：提高全省农业系统品牌打造专业化水平项目

河北省教育厅人文社科重点研究基地：河北农业大学乡村振兴研究中心

河北省新型智库：河北农业大学乡村振兴战略研究中心

河北农业大学高端智库：河北省乡村振兴战略研究协同创新团队

国家特色蔬菜产业技术体系产业经济研究室

河北省现代农业产业技术体系设施蔬菜产业经济岗

河北省现代农业产业技术体系露地蔬菜产业经济岗

河北省现代农业产业技术体系食用菌产业经济岗

河北省现代农业产业技术体系苹果产业经济岗

河北省现代农业产业技术体系梨产业经济岗

河北省现代农业产业技术体系干果产业经济岗

河北省现代农业产业技术体系玉米产业经济岗

河北省现代农业产业技术体系薯类产业经济岗

技术支持

河北省农业品牌建设研究中心

河北农业大学河北农业品牌研究院

河北省农产品品牌协会

保定市农产品品牌协会

河北农篓农业科技有限公司

前　言

在现代农业发展的宏伟征途中，品牌化已升华为农业现代化的显著标志和核心动力。近年来，河北省农业品牌建设取得了显著成就。在政府的高度重视和大力支持下，全省积极实施品牌强农战略，将农业品牌建设视为推动农业供给侧结构性改革、促进农村三次产业深度融合的关键措施。随着一系列政策的出台与实施，农业品牌数量持续增长，品牌竞争力逐步提升。

截至2024年，河北省共评选出145个省级农产品区域公用品牌，其中还有一些区域性综合品牌，如"承德山水""保定苹果""昌黎优礼"等，成为区域农产品靓丽名片；此外，万全鲜食玉米、迁西板栗、鸡泽辣椒、平泉香菇、曹妃甸河豚鱼、张北马铃薯、兴隆山楂、馆陶黄瓜、大名小磨香油、昌黎扇贝等10个农业品牌先后入选农业农村部农业品牌精品培育计划。农业品牌化为地方特色产业的科技化、绿色化、规模化和产业化发展注入了强劲动力，成为区域经济发展的重要支柱。但是，与农业强省相比，河北在品牌建设方面还存在一定差距。部分具有深厚历史文化底蕴的特色农产品尚未得到充分挖掘和推广，品牌溢价水平不高，品牌影响力和市场美誉度有待加强。

为贯彻落实党中央关于农业品牌建设的战略部署，按照河北省农业农村厅要求，保定市农业农村局组织实施了"提高全省农业系统品牌打造专业化水平"专项工程，本书正是该项目的重要成果之一。全书共分为三篇十七章：第一篇总论；第二篇聚焦知名农业精品培育品牌，对万全鲜食玉米、迁西板栗、鸡泽辣椒等7个入选农业农村部精品培育计划的品牌进行深入调研，凝练分析发展经验和特色做法；第三篇聚焦各市区域公用品牌，选取承德山水、保定苹果等9个典型案例，深入探讨发展模式、品牌特色、运营策略及取得成效。

  本书的编写旨在为政府部门提供参考，也为农业企业和从业者提供学习先进的品牌建设经验和运营模式的机会，提升品牌意识和市场竞争力。期待本书能够成为广大读者了解河北农业品牌发展的重要窗口，为河北农业的美好未来开启新的篇章。

编者

2024 年 12 月

目 录

第一篇 总 论

第一章 河北农业品牌发展概况 ·· 3
　一、河北省农业品牌建设现状趋势 ·································· 3
　二、河北省农业品牌建设问题分析 ·································· 13
　三、提升河北省农业品牌竞争力对策建议 ························ 17

第二篇 河北省知名农业精品培育品牌建设

第二章 张家口万全鲜食玉米品牌调研报告 ························ 21
　一、万全鲜食玉米品牌建设情况 ···································· 21
　二、万全鲜食玉米品牌的特色亮点 ································ 24
　三、万全鲜食玉米品牌的发展战略与对策建议 ·················· 25
第三章 唐山迁西板栗品牌调研报告 ································· 27
　一、迁西板栗品牌建设基本情况 ···································· 27
　二、迁西板栗品牌建设主要特色做法 ······························ 28
　三、迁西板栗品牌发展战略与对策建议 ··························· 30
第四章 邯郸鸡泽辣椒品牌调研报告 ································· 32
　一、鸡泽辣椒品牌建设基本情况 ···································· 32
　二、鸡泽辣椒品牌建设主要亮点 ···································· 33
　三、鸡泽辣椒品牌建设对策建议 ···································· 35

第五章　承德平泉香菇品牌调研报告 ································ 37
　　一、平泉香菇品牌培育现状 ······································ 37
　　二、平泉香菇品牌发展亮点 ······································ 39
　　三、平泉香菇品牌发展建议 ······································ 40
第六章　张家口张北马铃薯品牌调研报告 ···························· 42
　　一、张北马铃薯品牌建设基本情况 ································ 42
　　二、张北马铃薯品牌建设主要特色做法 ···························· 43
　　三、张北马铃薯发展战略与对策建议 ······························ 44
第七章　承德兴隆山楂品牌调研报告 ································ 47
　　一、兴隆山楂品牌建设基本情况 ·································· 47
　　二、兴隆山楂品牌建设主要亮点 ·································· 48
　　三、兴隆山楂品牌建设存在的问题 ································ 49
　　四、兴隆山楂品牌建设对策建议 ·································· 50
第八章　邯郸馆陶黄瓜品牌调研报告 ································ 53
　　一、馆陶黄瓜品牌建设基本情况 ·································· 53
　　二、馆陶黄瓜品牌建设主要亮点 ·································· 54
　　三、馆陶黄瓜品牌建设对策建议 ·································· 56

第三篇　河北省各市典型区域公用品牌发展模式

第九章　承德山水"1118"发展模式 ································ 61
　　一、承德山水子品牌简介 ·· 61
　　二、承德山水品牌的特色 ·· 64
　　三、承德山水品牌运营模式 ······································ 66
　　四、承德山水品牌八大体系 ······································ 69
　　五、承德山水品牌建设效果 ······································ 72
第十章　保定苹果"多方联动"发展模式 ···························· 74
　　一、保定苹果品牌发展历程：岁月沉淀，厚积薄发 ·················· 74

二、保定苹果品牌的特色与优势 ·· 75
　　三、保定苹果品牌"多方联动"发展模式 ···························· 79
　　四、保定苹果品牌七大亮点 ··· 80
　　五、保定苹果品牌保护措施 ··· 82
　　六、保定苹果品牌建设效果 ··· 83

第十一章　秦皇岛昌黎优礼"龙头+集群协同"发展模式 ············· 85
　　一、昌黎优礼子品牌简介 ··· 85
　　二、昌黎优礼的品牌特色 ··· 87
　　三、昌黎优礼品牌运营模式 ··· 89
　　四、昌黎优礼的品牌保护措施 ·· 90
　　五、昌黎优礼品牌建设效果 ··· 91

第十二章　保定博水之野"政府统筹"发展模式 ······················· 93
　　一、博水之野子品牌简介 ··· 93
　　二、博水之野品牌的特色 ··· 96
　　三、博水之野品牌的运营模式 ··· 98
　　四、博水之野品牌的建设效果 ··· 99

第十三章　沧州品味南皮"九个一"发展模式 ·························· 101
　　一、品味南皮子品牌简介 ·· 101
　　二、品味南皮品牌的特色 ·· 104
　　三、品味南皮品牌发展模式 ··· 106
　　四、品味南皮品牌建设效果 ··· 109

第十四章　石家庄藁城宫米"文化赋能+全链融合"发展模式 ······ 111
　　一、藁城宫米品牌简介 ··· 111
　　二、藁城宫米品牌的特色 ·· 112
　　三、藁城宫米品牌运营模式 ··· 114
　　四、藁城宫米品牌保护措施 ··· 115
　　五、藁城宫米品牌建设效果 ··· 117

第十五章　邢台巨鹿金银花"生态筑基+三产融合"发展模式 …… 119
　　一、巨鹿金银花品牌简介 …… 119
　　二、巨鹿金银花品牌的特色 …… 120
　　三、巨鹿金银花品牌运营模式 …… 121
　　四、巨鹿金银花品牌保护措施 …… 122
　　五、巨鹿金银花品牌建设效果 …… 123

第十六章　廊坊固安番茄"政产融和，多元推广"发展模式 …… 124
　　一、品牌基本情况 …… 124
　　二、固安番茄品牌的独特性及优势 …… 125
　　三、固安番茄品牌的创新及发展 …… 127

第十七章　衡水深州蜜桃"六工程+五提升"发展模式 …… 129
　　一、品牌基本情况 …… 129
　　二、深州蜜桃品牌的特色与优势 …… 130
　　三、深州蜜桃的历史与文化 …… 132
　　四、深州蜜桃的品牌发展经验 …… 133

第一篇 总 论

第一章

서 론

第一章 河北农业品牌发展概况

燕赵大地，物华天宝。作为农业大省，河北省凭借独特的地理位置和深厚的农耕文化底蕴，不断孕育出丰富多样且极具特色的优质农产品，为农业品牌的发展奠定了坚实的基础。从世界公认的黄金奶源带，到玉米、葡萄的绝佳种植区；从传承数百年的兴隆山楂、武安小米，到闻名遐迩的深州蜜桃，共同构成了河北农业品牌丰富的资源宝库。当下，河北农业品牌建设机遇与挑战并行。一方面，消费者对农产品品质和品牌认知度的不断提升，国家对农业品牌建设的大力支持，河北农业品牌迎来了蓬勃发展的黄金时期。另一方面，也必须清醒地认识到，与其他农业强省相比，河北农业品牌建设仍存在一定差距，如品牌建设滞后、溢价能力有限、企业参与热情不高等问题。本章通过翔实数据和案例证据，深入探究河北省农业品牌资源禀赋、品牌建设、产业发展等方面的优势与潜力，同时精准剖析农业品牌建设中存在的问题，全力探寻从农业大省向农业品牌强省的发展之路。

一、河北省农业品牌建设现状趋势

（一）资源得天独厚，品牌建设根基深厚

1. 河北省优势特色主导产业类型多样，规模较大

河北省地理位置优越，地貌多样，历史农耕文明浓厚，是世界公认的优质黄金奶源带，玉米、葡萄黄金种植带，拥有国家级重要农业文化遗产。泊头鸭梨、武安小米、深州蜜桃传承至今已有数百年甚至上千年历史。丰富多样的资源禀赋条件造就了丰富的物产，生猪、家禽、肉牛、蔬

菜产量稳居全国前列，梨、板栗、食用菌、葡萄、苹果、小米、红枣、牛奶、牛肉、水产品等"大而精"的农产品特色优势突出，是全国重要的"米袋子""菜篮子"产品供应基地。调研统计，河北省拥有86个特色农产品之乡，农业特色产业占全省农业总产值的75%，果品、蔬菜特色优势明显。河北省优势特色农产品主导品种主要包括蔬菜瓜果、中药材、食用菌、水果、杂粮杂豆、畜牧和水产品七大类，河北省特色农产品主导品种形成区域性格局（表1-1）。

表1-1 河北省特色农产品主导产业

类别	主导品种	分布区域
蔬菜瓜果	鸡泽辣椒、玉田包尖白菜、乐亭薄皮甜瓜、永年大蒜、隆尧大葱、满城草莓、昌黎马坊营旱黄瓜、围场胡萝卜等	坝上高原、冀东、环京津和冀南地区
中药材	道地品种酸枣仁、天花粉、王不留行、祁紫菀、山杏、太行山连翘、北柴胡、金银花、涉县柴胡、热河黄芩、巨鹿金银花、青龙北苍术	燕山、太行山、冀中、冀南平原产区和坝上高原产区
食用菌	白灵菇、香菇、平菇、平泉香菇、迁西栗蘑、灵寿金针菇、滑子菇、双孢菇、杏鲍菇、姬菇	太行山燕山产业带、坝上错季产区、环京津产区和冀中南草腐菌产区
水果	怀来葡萄、宣化牛奶葡萄、昌黎葡萄、内丘富岗苹果、承德国光苹果、泊头鸭梨、魏县鸭梨、晋州鸭梨、赵县雪花梨、饶阳设施葡萄、深州蜜桃、顺平桃、山海关大樱桃、元氏石榴等	太行山、燕山苹果，冀中南平原沙地梨，桑洋河谷、冀东滨海地区葡萄、都市休闲观光采摘优势产业带
杂粮杂豆薯类	武安小米、南和金米、蔚州贡米、丰宁黄旗小米、围场马铃薯、易县甘薯、万全鲜食玉米	太行山燕山山区和坝上地区
畜牧	肉类：深县猪、阳原驴和太行鸡	以黑龙港流域和丘陵山区为主的肉羊产业带；京山、京九、京广铁路沿线为主优质瘦肉型猪产业带
	禽蛋：白洋淀咸鸭蛋 牛奶	冀南冀中蛋鸡产业带以石家庄、唐山、张家口、保定为重点的奶牛产业规模养殖带
水产	曹妃甸河鲀鱼、黄骅梭子蟹	沿海出口优势水产品养殖带；山区坝上生态型养殖带；大中城市周边休闲型养殖带

2. 河北省地方特产资源丰富，分布区域较广

根据中国特产网对河北省地方特产的统计数据（表1-2），有迁西县的迁西板栗，果粒饱满、色泽光亮、口感香甜，营养丰富；衡水市的衡水老白干，历史悠久，酒液晶莹透明、香气清雅、口感醇厚；赵县的赵县雪花梨，果实硕大、汁多味甜，果肉洁白细腻、口感酥脆多汁；河间市的驴肉火烧，以驴肉和面饼为主料，口感香酥可口；蔚县的蔚州贡米，米粒晶莹、色泽光亮、口感绵软，且有养脾健胃、补中益气之效；承德市的承德国光苹果，色泽亮丽、口感脆甜、香气浓郁，富含维生素C和多种矿物质；深州市的深州蜜桃，果实硕大、形态美观、果肉质地细腻、口感鲜美、甜度高且带有浓郁芳香。

表1-2 河北省各市地方特产资源

地区	数量/个	地方特产
石家庄	40	藁城宫面，晋州鸭梨，正定八大碗，新乐西瓜，新乐花生，鹿泉香椿，赵县驴肉，宋曹酒，赵县雪梨干，味道府酒，廉州宫酒，羊羔美酒，行唐大枣，灵寿金针菇，方中烧鸡，行唐枣酒，正定崩肝，藁城宫灯，郝家排骨，灵寿红薯，行唐核桃，割髭岭粉条，烧饼裹肉，龙兴贡米，行唐红薯粉条，五岳寨太行龙井，元氏石榴，行唐红薯干，元氏大红袍柿，甲壳素红枣，梨园金蝉，藁城鸭梨，井陉核桃，赵县黄冠梨，西岭核桃，行唐黑花生，紫藤葡萄，晋州山林红薯，范台草莓，赵县芦笋
唐山	39	唐山骨质瓷，乐亭甜瓜，唐山酥糖，贯头山酒，京东板栗，迁西栗蘑，滦南虾油，滦南虾酱，迁安手工造纸，遵化香菇，丰南胭脂稻，刘美烧鸡，遵化板栗，玉田大葱，唐山陶瓷，玉田老酒，万里香烧鸡，遵化核桃，曹妃甸胭脂稻，团城酸梨，迁安核桃，乐亭桃罐头，曹妃甸大米，孤树金丝小枣，迁西红薯粉条，乐亭虾油，玉田泥塑，乐亭虾皮，唐山海米，丰润生姜，罗家香油，滦南海米，红秋蜜桃，紫玉杂粮，建昌营馓子，滦南墨鱼，西下营板栗，滦南黄坨甘薯，滦南黄坨甘薯片
秦皇岛	19	卢龙粉丝，昌黎葡萄酒，石门核桃，昌黎葡萄，山海关大樱桃，青龙板栗，昌黎粉条，青龙安梨，茶棚西红柿，抚宁金天马酒，青龙薄皮核桃，青龙贡米，回记绿豆糕，抚宁板栗，青龙杏仁，秦皇岛鱿鱼丝，秦皇岛干贝，鲍子沟葡萄，段家沟李子
邯郸	58	涉县核桃，涉县花椒，东龙黄金酒，永年大蒜，涉县黑枣，赵王酒，武安打老儿茶，贞元增酒，二毛烧鸡，申家饸饹，永年驴肉，黄粱梦小米，磁州白莲藕，天下红辣椒酱，馆陶酱包瓜，磁县胖妮熏鸡，鸡泽辣椒，临漳临英扒兔，邯郸陶瓷，活水醋，磁州窑，馆陶黑小麦，邯郸拽面，馆陶黑陶，肥乡圆葱，永年酥鱼，永年驴肉香肠，桂月牌缯肘，永不分梨酒，涉县花椒芽辣酱，邯郸饸饹，武安核桃，鸡泽芝麻糖，大名花生，圣旨骨酥鱼，涉县柿饼，武安熏肉，临漳羊汤，武安花椒，邯郸金米酒，北沿村粉皮，马头酥鱼，武安韭菜花酱，武安柿饼，馆陶黑小麦挂面，邑贡酱，武安小麻糖，成安草莓，女娲牌核桃油，邱城手工挂面，太极圆葱酒，馆陶鸡蛋，馆陶黄瓜，成安艺术苹果，涉县柿子，成安甜瓜，鸡泽小麦，天下红八宝辣椒酱

(续表)

地区	数量/个	地方特产
邢台	49	南宫大枣，南和金米，宁晋鸭梨，平乡酥鱼，邢台核桃，泥坑酒，隆尧大葱，威县三白西瓜，滏阳贡白菜，邢台板栗，泽畔藕，临城腌肉，南宫熏菜，巨鹿槐角茶，威县小米，徐马寨烧鸡，巨鹿串枝红杏，清河武松酒，巨鹿金银花，邢台柿饼，平乡十香菜，平乡芝麻糖，巨鹿决明子茶，红谷子小米，威县粉皮，南宫韭菜，临城核桃，威县酥鱼，巨鹿小米，广宗紫枣，南宫芝麻油，程家烧鸡，清河山楂，南宫黄豆，南和黑豆，新河大枣，广宗肉锅，沙河核桃，隆尧泽畔藕，宁晋雪花梨，威县梨，威县葡萄，临城苹果，柏乡葡萄，平乡桃，南宫黄韭，临城黑花生，广宗手擀杂面，临城大枣
保定	69	白洋淀皮蛋，定州手掰肠，唐县大枣，蠡县麻山药，中山松醪酒，涿州沙板鸡，唐县山葱花，定州鸭梨，容城绿芦笋，曲阳枣酒，定州新宗熏肉，曲阳石雕，顺平苹果，涿州贡米，大午烤鸡，定州焖子，甘文生卤煮鸡，涞源小米，易水砚，白洋淀荷叶茶，槐茂酱菜，白洋淀芦苇画，阜平核桃，易县磨盘柿，安国小白嘴山药，白洋淀苇编，炸千子，阜平大枣，涿州鸟笼，白洋淀熏鱼，保定春不老，保定面酱，定窑瓷器，易县文玩核桃，马家老鸡，曲阳泥塑，易县红薯粉条，涞源榛子，白洋淀菱角米，阜平土豆干，唐县核桃，漕河驴肉，大慈阁酱包瓜，安国菊花茶，白洋淀松花蛋，野三坡核桃，大午五香驴肉礼盒，安新咸鸭蛋，涞源杏仁，唐县柿子，保定木耳，涞源杂粮，涞源核桃，车亭贡米，清苑西瓜，雄县黑陶，野三坡杏扁，望都辣椒油，蠡州大鸭梨，曲阳鸭梨，阜平花生，清苑小麦，博野黄冠梨，唐县花椒，阜平小米，祁山药，大庄麻山药，野三坡伏花椒，白傻子烧鸡
张家口	70	蔚州杏扁，张家口糯玉米，蔚县黄米面，崇礼蚕豆，怀来葡萄，石片黄杏，张北口蘑，石洞彩苹果，阳原泥河石，蔚县剪纸，赵家蓬核桃，张北莜面，怀安三道眉葵花籽，张北亚麻籽油，蔚县野生蘑菇，阳原供佛杏，蔚县木瓜杏干，蔚县胡麻油，阳原驴，马牙枣，崇礼山野菜，张北金莲花茶，上谷战国红，沽源金莲花茶，康保老窖，旧庄窝金丝小枣，阳原鹦哥绿豆，蔚县五香葵花籽，涿鹿杏仁，青砂器，一墩青马铃薯，八棱海棠，赤城榛子，神鹿开口杏仁，康保荞麦方便面，柴沟堡熏肉，怀来杏仁，康保奇石，张北莜面方便面，万全鲜玉米，张北马，宣化鹦哥绿豆，蚕房营久保桃，赤城胡麻油，葡萄籽油，宣化杂杂枣，万全燕麦片，尚义口蘑，赤城松蘑，尚义莜面，尚义土豆，钟楼啤酒，桑园葡萄，沽源黄花菜，张北马铃薯，赤城杏仁，怀安架豆，柳沟杏，沽源甜玉米，马营西瓜，万全绿豆饹馇，草庙子国光苹果，张北莜麦，南口供佛杏，东望山口蘑，涿鹿紫皮大蒜，西八里大蒜，坝上莜面，怀来金丝小枣，镇边城核桃
承德	37	围场马铃薯，黄旗小米，宽城板栗，新杖子乡苹果，兴隆山楂，承德国光苹果，承德杏仁，满族旗鞋，平泉香菇，平泉羊汤，平泉滑子菇，围场胡萝卜，围场土豆粉条，围场榛子，黑山嘴大酱，坝上白蘑，围场金莲花茶，兴隆红果，滕氏布糊画，兴隆板栗，改刀肉，围场牛肉干，平泉蘑菇酱，兴隆核桃，滦红山楂，承德蓑衣丸子，坝上榛子，方顺猫耳面，承德山菜，甘沟口粘豆包，承德茶糖，银丝杂面，围场苦荞茶，坝上蕨菜，承德银器，兴隆香菇，承德老酒
沧州	24	青县羊角脆，献王酒，泊头鸭梨，黄骅虾酱，沧州金丝小枣，连镇烧鸡，千童枣酒，今亿根粉丝，肃宁麻山药，沧州冬菜，献县金丝小枣，肃宁鸭梨，一淀园咸鸭蛋，肃宁卤咸菜，泊头金丝小枣，古园脆冬枣，全羊李酱牛肉，草帽崔，肃宁番茄，南皮冬枣，南皮冬菜，青县冬菜，肃宁野猪，泊头桑椹

(续表)

地区	数量/个	地方特产
廊坊	11	大厂肥牛，燕南春酒，迎春酒，胜芳松花蛋，三河豆腐丝，志军吊炉花生，大城金丝小枣，焦氏脸谱，三河豆片，大城驴肉，珐琅器
衡水	23	衡水老白干，故城龙凤贡面，武强年画，枣强熏肉，漫河西瓜，深州黄韭，衡水内画鼻烟壶，冀州天鹰椒，郑庄挂面，周村老醋，御粮仓小米，深州酥糖，阜城剪纸，武邑扣碗，衡水湖烤鸭蛋，马莲小枣，故城三豆，深州蜜桃罐头，阜城杏梅，周村辣椒，枣强红富士苹果，深州红富士苹果，枣强甘薯

(二) 河北省农业品牌总量增大，品牌竞争力逐渐增强

1. 农产品地理标志总量逐渐增加

河北省高度重视品牌农业发展，将农业品牌建设作为推进农业供给侧结构性改革、实现一、二、三产业融合发展的重要抓手。随着国家品牌强农发展战略的提出，河北省品牌农业建设与发展进入一个新时期。河北省历年年末地理标志产品累计核准数量均保持在 70 个左右，截至 2023 年 4 月底，河北省培育省级区域公用品牌 145 个，获得农业农村部认证的地理标志登记新增共计 57 个（表 1-3）。国家知识产权局数据显示，截至 2023 年末，地理标志作为集体商标、证明商标累计注册量 316 件，地理标志产品累计批准量 77 件。

表 1-3 河北省农业农村部地理标志登记产品新增情况

登记年份	产品名称	新增数量/个
2010	灵寿金针菇、平泉香菇、威县三白西瓜	3
2011	崇礼蚕豆、任县高脚白大葱、隆尧泽畔藕、隆尧大葱、围场胡萝卜、安次甜瓜、漫河西瓜、胜芳蟹	8
2012	滏河贡白菜、平泉滑子菇、磁州白莲藕	3
2013	冀州天鹰椒、迁西栗蘑、曲周小米、祈紫菀、遵化香菇、南和金米	6
2014	高碑店黄桃、涉县柴胡、黄粱梦小米、柏各庄大米	4
2015	肥乡圆葱、黑沿子毛蚶	2
2016	满城草莓、丰南胭脂稻	2
2017	石洞彩苹果、黄骅梭子蟹、南宫黄韭、玉田甲鱼	4
2018	南口供佛杏、张北马铃薯、阳原鹦哥绿豆、祁菊花、祁山药	5
2019	成安草莓、唐山河鲀、草庙子国光苹果、西下营板栗、鸡泽辣椒	5
2020	张北莜麦、赵县黄冠梨、阜城杏梅、马营西瓜、赤城赤芍、泊头桑椹、平乡桃、深州黄韭	8

(续表)

登记年份	产品名称	新增数量/个
2021	涿鹿紫皮大蒜、昌黎扇贝、威县梨、阜平大枣、威县葡萄	5
2022	清河山楂、滦州苹果	2
合计		57

2. 名优特新农产品培育有效推动了农业品牌做靓

截至 2024 年 10 月 14 日，河北省共获得全国名特优新农产品 96 个（农业农村部种植业管理司负责），其中蔬菜类 15 个，果品类 29 个，粮油类 18 个，蜂类 2 个，药材类 3 个，畜牧类 20 个，茶叶类 1 个，菌类 6 个，其他 2 个。名特优新农产品资源能够有效推动农产品品牌的创建（表 1-4）。

表 1-4 河北省名特优新农产品公示目录

品类（数量）	申报产品
蔬菜类（15 个）	献县番茄、饶阳圆茄、涞水白萝卜、饶阳番茄、玉田白菜、肥乡番茄、怀来县紫皮大蒜、涿鹿紫皮大蒜、滦平番茄、赤城架豆、肃宁圆茄、献县西兰花、永清番茄、香河韭菜、大厂番茄
果品类（29 个）	内丘苹果、威县梨、清苑西瓜、青县羊角脆甜瓜、顺平磨盘柿子、顺平草莓、献县甜瓜、满城草莓、武邑红梨、阜平香梨、阜平苹果、赞皇樱桃、赵县雪花梨、新乐甜瓜、鹿泉苹果、滦州苹果、乐亭大樱桃、娘娘庄香白杏、山海关大樱桃、隆尧甜瓜、满城桃、阜平大枣、唐县大枣、易县苹果、易县磨盘柿、顺平苹果、顺平杏、高碑店甜瓜、献县西瓜
粮油类（18 个）	顺平县大白谷小米、邵村花田香米、顺平大米、藁城宫米、武安小米、易县粉条、易县玉米糁、易县花生、涿州贡米、宣化张杂谷小米、沽源藜麦、阳原鹦哥绿豆、顺平县白马牙玉米、武邑鲜食玉米、万全糯玉米、博野甜糯玉米、康保燕麦片、尚义燕麦
蜂类（2 个）	阜平槐花蜂蜜、赞皇蜂蜜
药材类（3 个）	涉县连翘、邢台信都酸枣仁、蠡县麻山药
畜牧类（20 个）	尚义白羽肉鸡、涿鹿黑兔、献县肉鸭、三河小柴公鸡、枣强鲟鱼、武强肉鸭、饶阳肉羊、临漳肉鸡、永年白羽肉鸡、武邑羔羊肉、唐县羊肉、安平猪肉、徐水驴肉、涞源柴鸡蛋、曲周南里岳鸡蛋、顺平鸽子蛋、三河鸡蛋、武邑鸡蛋、连镇鸡蛋、阜城鲜鸡蛋
茶叶类（1 个）	邢台信都酸枣芽茶
菌类（6 个）	宁晋羊肚菌、张北口蘑、兴隆香菇、平泉香菇、青县羊肚菌、枣强羊肚菌
其他（2 个）	高碑店豆腐丝、深州桃香熏缸醋

资料来源：全国名特优新农产品公示目录。

3. 农业品牌助推特色农产品优势区和集群建设效果明显

建设了怀来葡萄、富岗苹果、邢台酸枣、巨鹿金银花、迁西板栗、遵化香菇、晋州鸭梨、辛集黄冠梨、昌黎葡萄、深州蜜桃、鸡泽辣椒、涉县核桃、兴隆山楂、隆化肉牛、平泉香菇、宽城板栗、安国中药材共计17个国家级特色农产品优势区和140个省级特色优势区。在国家优势特色产业集群评选中，河北越夏食用菌产业集群、河北鸭梨产业集群、河北燕山太行山道地中药材产业集群、河北环京津奶业产业集群、河北省平原小麦产业集群、河北省环京津设施蔬菜产业集群6个产业集群入选国家优势特色产业集群名单（表1-5）。

表1-5 河北省国家级优势特色产业集群

种类	产业集群
食用菌	河北越夏食用菌产业集群
水果	河北鸭梨产业集群
中药材	河北燕山太行山道地中药材产业集群
奶业	河北环京津奶业产业集群
粮食	河北省平原小麦产业集群
蔬菜	河北省环京津设施蔬菜产业集群

4. 农业品牌遍布不同区域，以蔬果类品牌最多

从地区分布来看，特产中，保定市数量最多为98件，廊坊市为19件（图1-1）。从特产网获得的数据信息来看，河北省特产中日用品31件、工艺品51件、农产品397件，河北省本土特产中83%均为农产品（图1-2）。

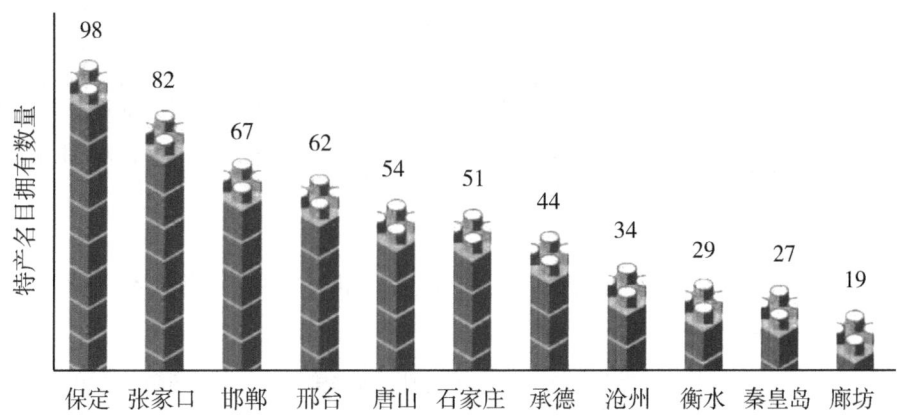

图1-2 河北省11个地级市特产拥有情况

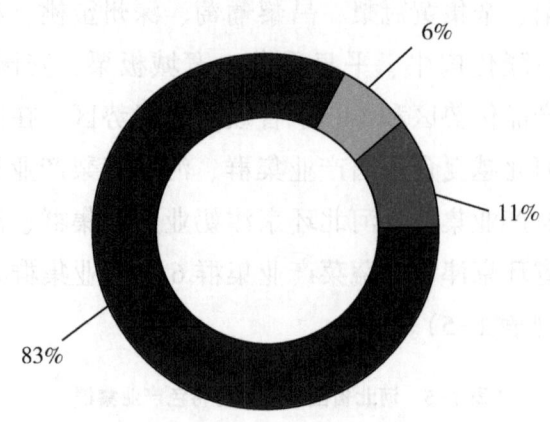

图 1-1　河北省本土特产类别分布情况

蔬果类农产品地理标志认证较多。以根据全国农产品地理标志查询系统（农业农村部农产品质量安全中心）数量为例（表 1-6），河北省 57 个区域公用品牌中，种植业类共计 51 个，水产业类 6 个。种植业中果品类（20 个）最多，蔬菜类（16 个）次之，品类间分布不均衡。

表 1-6　农产品地理标志查询系统河北省地理标志分布

产品类别	分类	产品名称
种植业类	蔬菜类（16 个）	灵寿金针菇、平泉香菇、崇礼蚕豆、任县高脚白大葱、隆尧泽畔藕、隆尧大葱、围场胡萝卜、滏河贡白菜、平泉滑子菇、磁州白莲藕、冀州天鹰椒、肥乡圆葱、南宫黄韭、鸡泽辣椒、深州黄韭、涿鹿紫皮大蒜
	果品类（20 个）	威县三白西瓜、安次甜瓜、漫河西瓜、高碑店黄桃、满城草莓、石洞彩苹果、南口供佛杏、成安草莓、草庙子国光苹果、西下营板栗、赵县黄冠梨、阜城杏梅、马营西瓜、泊头桑椹、平乡桃、威县梨、阜平大枣、威县葡萄、清河山楂、滦州苹果
	粮食类（8 个）	曲周小米、南和金米、柏各庄大米、黄粱梦小米、丰南胭脂稻、张北马铃薯、阳原鹦哥绿豆、张北莜麦
	食用菌类（2 个）	迁西栗蘑、遵化香菇
	药材类（5 个）	祁紫菀、涉县柴胡、祁菊花、祁山药、赤城赤芍
畜牧类	暂无认定	
水产业类	全部（6 个）	胜芳蟹、黑沿子毛蚶、黄骅梭子蟹、玉田甲鱼、唐山河豚、昌黎扇贝

(三) 品牌价值攀升，溢价能力显现

部分品牌市场潜力大，果品类品牌价值逐渐显现。以迁西板栗和宣化牛奶葡萄为例，根据浙江大学农业品牌中心《中国农产品区域公用品牌价值评估报告》，2009—2024 年迁西板栗品牌价值从 13.82 亿元上升到 35.97 亿元，宣化牛奶葡萄品牌价值从 16.91 亿元上升到 20.42 亿元（表 1-7）。在中国农业品牌目录 2019 农产品区域公用品牌价值评估榜单中，巨鹿金银花品牌价值 34.53 亿元、易县磨盘柿品牌价值 28.22 亿元、平泉香菇品牌价值 17.78 亿元，玉田包尖白菜品牌价值 10.21 亿元，市场潜力明显。2024 年中国果品区域公用品牌价值中，赵县雪花梨 18.60 亿元，魏县鸭梨 13.12 亿元，威梨 9.71 亿元，深州蜜桃 4.98 亿元，其中，魏县鸭梨区域公用品牌价值增长率为 48.40%，河北省果品类区域公用品牌价值逐渐显现（表 1-7）。河北省农业品牌溢价能力显著增强。固安原味番茄价格约 60 元/千克、玉田包尖白菜价格约 59 元/颗、"馆陶黄瓜"价格约 10 元/根、永清"凝萃"无药黄瓜价格 8 元/根，"富岗苹果"价格最高卖到 100 元/个、固安番茄价格达到 60 元/千克，平乡滏河贡白菜地头毛菜每千克 4 元，净菜每颗 14 元，抬高"白菜价"。

表 1-7 河北省部分农产品区域公用品牌价值　　　　单位：亿元

品牌名称	2009 年	2019 年	2020 年	2021 年	2022 年	2023 年	2024 年
迁西板栗	13.82	24.09	26.40	30.25	34.09	34.09	35.97
宣化牛奶葡萄	16.91	20.42	20.61	20.41	20.41	20.42	20.42
赵县雪花梨	—	—	—	—	—	—	18.60
魏县鸭梨	—	—	—	—	—	—	13.12
威梨	—	—	—	—	—	—	9.71
深州蜜桃	—	—	—	—	—	—	4.98

资料来源：浙江大学农业品牌中心《中国农产品区域公用品牌价值评估报告》整理。

(四) 政府全力推动，品牌建设不断加速

建品牌、创名牌已成为当前河北省提升农产品质量和市场竞争力的重要内容。河北省农业农村厅先后印发了《关于加快农业品牌发展的意见》

《河北省农业供给侧结构性改革三年行动计划打造100个行业领军品牌实施方案》《河北省农业品牌建设工作推进方案》《河北省农产品品牌推介名录》《关于加快农业品牌发展的意见》等相关政策文件，出台多项政策支持品牌农业建设，省财政投入专项资金，组建行业组织提供服务。推出《关于持续深化"四个农业"促进农业高质量发展行动方案（2021—2025年）》，聚焦科技、绿色、品牌、质量四个发展要素培育农业品牌。河北省财政每年投入6 000万~8 000万元专项支持农业品牌打造。整合设计、专家、媒体、渠道等多种社会资源，组建"河北省农产品品牌协会""河北省品牌农业发展联盟""河北省农业电商联盟""河北省农业品牌创意设计联盟"等行业组织，把脉问诊，开展品牌延伸服务。

创新提出"十个一"模式，挖掘品牌文化内涵，设计品牌形象，为进军全国市场奠定基础。即明确一个品牌主体、注册一个保护商标、设计一个整体形象、出台一套整体规划、制定一套准入制度、建立一套监管体系、制定一套宣传机制、健全一套营销体系、建好一支品牌队伍、出台一套支持政策，做到一个品牌制定一个方案、建立一套台账，列出清单、目标、措施，逐个进行打造。推出河北农业品牌整体形象，根据地域差异、品种特性，挖掘农产品品牌历史文化内涵，强化传统工艺传承和保护，加强品牌创意，注重形象设计，规范包装标识，创建了一批具有文化底蕴、鲜明地域特征的特色产品品牌，发布"河北农品·百膳冀为先"农业品牌口号和品牌标志，为河北农业品牌进军全国市场奠定坚实基础。

（五）特色品牌产业规模扩大，带动能力增强

特色产业规模增长很快。鸡泽辣椒年种植8万亩，占河北省辣椒种植面积近30%，年产鲜椒16万余吨，辣椒加工企业130余家，年加工鲜椒60万吨，年产值达46亿元以上。怀来葡萄产值占全县农业总产值的72%，平泉食用菌占全县农业总产值的54%，鸡泽辣椒占全县农业总产值的50%以上，蠡县麻山药年收益达10亿元，安国中药材年收益在8亿元左右，望都辣椒年出口总值超1.8亿元，名牌农产品对农业总产值贡献率逐年增加。河北省连续5年举办京津冀蔬菜产销对接大会，2020年达成产销合作意向45.5万吨，金额约12.1亿元，全面展示河北省蔬菜、食用菌等特色农产品发展成果，推动品牌蔬菜高端化、特色化发展。

品牌产业带动能力日益提高。以保定市阜平县为例，该县依托"老乡菇"品牌提高食用菌生产能力，全县食用菌规模园区近百个，栽培菌棒达7 500万棒，产值突破4.5亿元，直接带动农户2.6万余户，实现户均年增收2万余元。唐山市乐亭县中堡镇按照"东果菜、西草莓、南食用菌，北养殖"的产业布局，大力实施品牌兴农战略，被评为"2021年全国乡村特色产业十亿元镇"，其中，新庄子村依托乐亭万事达生态农业发展公司建设2 600平方米智能蔬菜育苗温室项目，每年为村集体增收5万元；邢台市南和区贾宋镇郄村依托特色番茄品牌建设，实现农户人均收入达3万多元，辐射带动周边近20个村子发展特色种植，被评为"2021年全国乡村特色产业亿元村"；清苑区东闾乡南王庄村走品牌化发展之路，提升"清苑西瓜"的影响力和附加值，全村年储蓄达2.46亿元，农户人均储蓄5.8万元，被评为"2021年全国乡村特色产业亿元村"。内丘县岗底村，依靠"富岗苹果"人均收入4.5万元，成为乡村振兴的新样板。可见，农业品牌建设更能使农业增效、农民增收、农村致富，实现乡村振兴战略目标。

二、河北省农业品牌建设问题分析

1. 资源挖掘潜力较大，品牌创建数量有待提高

河北省是农业生产大省，2023年农业总产值居全国第4位，粮食、蔬菜、园林水果、肉类、牛奶、禽蛋等农产品产量均位于全国前6，但是农业品牌建设仍旧较为滞后。以农业农村部获得的地理标志登记产品为例，截至2023年底，河北省仅有57个，而山东、四川、湖北、山西、黑龙江、河南、广西、浙江、贵州9省（区）地理标志登记数量超过150个，江苏、内蒙古、甘肃、湖南、新疆、陕西、福建、安徽8省（区）数量也是河北省的2倍以上（表1-8）。大量具有历史传承意义的特色农产品没有得到挖掘与放大，部分地区对本地有哪些特色产品不清楚，一些特色产品"藏在深山人未识"。

表 1-8　农业农村部农产品地理标志登记数量汇总

省份	地理标志数量/个	省份	地理标志数量/个
山东	351	安徽	119
四川	201	江西	105
湖北	197	辽宁	100
山西	176	云南	86
黑龙江	168	青海	77
河南	163	重庆	70
广西	165	广东	63
浙江	154	宁夏	60
贵州	154	河北	57
江苏	141	海南	42
内蒙古	135	西藏	35
甘肃	137	吉林	25
湖南	128	上海	16
新疆	129	北京	15
陕西	117	天津	9
福建	115		

数据来源：全国农产品地理标志查询系统。

2. 品牌溢价水平较低，品牌影响力有待加强

品牌溢价能力较低。溢价能力是品牌价值和产品竞争力的综合体现。河北省农业品牌溢价能力与先进省份相比，还有较大差距，农产品提篮小卖现象还比较普遍，品牌农产品识别困难，产品优质不优价。农业农村部《2019年中国农业品牌目录》入选的31个蔬菜类区域品牌中，河北省仅有玉田包尖白菜上榜，品牌价值为10.21亿元，影响力指数为62.83，对比山东省金乡大蒜品牌价值突破200亿元、浙江省余姚榨菜品牌价值超过70亿元，分别是玉田包尖白菜的约20倍、7倍（表1-9）。近年来河北省农产品区域公用品牌的数量逐年增多，但品牌价值和影响力还有待提高。2024年全国获评的果品区域公用品牌的品牌价值平均为31.60亿元，而河北省上榜的品牌中仅有迁西板栗以35.97亿元的品牌价值超过平均水平，其余品牌均低于平均值。

表1-9 农产品区域公用品牌评估结果及影响力指数

省份	品牌名称	评估结果/亿元	影响力指数
河北	玉田包尖白菜	10.21	62.83
山东	金乡大蒜	218.19	81.94
	章丘大葱	46.67	85.65
	昌邑大姜	25.05	72.75
	桂河芹菜	10.94	72.62
浙江	余姚榨菜	73.39	78.62
重庆	涪陵青头菜	33.42	77.45
福建	华容芥菜	19.06	74.26
河南	温县铁棍山药	12.33	74.38
海南	澄迈桥头地瓜	12.31	65.83
福建	建宁通心白莲	11.18	65.38
黑龙江	梅里斯大八旗洋葱	10.84	61.36

近年来河北省农产品品牌的数量逐年增多，但影响力却十分有限。河北省地方特色产品多，但多以地方特产的形式存在，经营过程中存在"小弱散"的状态，独特的资源优势尚未充分彰显。拥有"中国食用菌之乡""中国马铃薯之乡"等众多头衔，但优势主导产业缺少在全国叫得响的知名品牌。拥有宣化牛奶葡萄、迁西板栗等一批知名品牌，但总体拥有较高的知名度和美誉度的品牌不多，品牌总体效益不高，缺少像涪陵榨菜、西湖龙井、安溪铁观音这类家喻户晓且高产值高效益的区域品牌。农业品牌发展水平与农产品消费大省的地位有一定落差。河北省枣产业的产量位居全国第2，也拥有金丝小枣、赞皇大枣、行唐大枣等一系列的区域公用品牌农产品，大枣生产加工企业达200余家，但是品牌影响力不敌河南"好想你"，区域品牌与"新疆大枣"相比竞争力弱。虽然河北省禽蛋、牛奶产量居全国第3位，肉类产量居全国第5位，但在"中国畜牧地理标志农产品区域公用品牌声誉评价"前100位中河北省农产品品牌无一上榜。

3. 品牌实力不强，在全国影响力有待提升

中国品牌—区域农业形象品牌影响力指数100强中，山东16个，浙江

10 个，四川 9 个，河北只有 3 个（沽之源、承德山水、唐尧天下）。主要原因包括：一是品牌意识不强，经营理念比较落后，一些区域重生产、轻品牌的现象还比较普遍。如赵县雪花梨、赞皇大枣等一批传统的特色品牌，经营理念落后，产品的知名度和影响力越来越小；二是农产品加工业发展相对滞后，农业经营主体小而分散，打造品牌的能力不强。2020 年底，河北省农产品加工转化率近 60%，而全国平均水平达 67.5%。像今麦郎、五得利、露露等在全国知名的品牌数量较少，代表省级形象的农产品品牌尚未形成；三是品牌培育投入不足、支持力度不够。在品牌设计、营销、宣传等方面层次较低、方法不多、方式不新，河北省部分品牌多是依靠消费者"口耳相传"，缺乏龙头带动、组团出击、集中打响品牌的合力，相比而言，江苏盱眙龙虾注重将文化传承和创新融入营销，打造中国龙虾节，让品牌火遍大江南北。

4. 企业参与区域公用品牌建设意愿不高

河北省品牌整体形象不清晰，缺少订制式和落定性强的品牌发展长远规划，主体各自经营，难以形成合力。农业品牌创建政府热、企业冷，区域公用品牌与企业品牌融合发展机制尚未确立。企业注重自身企业品牌或产品品牌的打造，对于区域品牌建设的积极性不高。当前河北省区域公用品牌多数处于无组织状态，缺少强势的龙头企业作为公用品牌农业产业的支撑。区域公用品牌建设过程中，企业规模小、资金少，缺乏进行区域公用品牌建设的动力，区域品牌建设的积极性不高。企业寄希望于政府发展公用品牌，自身更关注企业品牌的建设。区域内部主体参与品牌共建的积极性不高，存在重生产轻促销的思想，经营主体尚未意识到进行区域整体品牌打造的重大作用；已经形成的区域公用品牌，主体不注重维护导致系列"连坐"事件出现。河北省地理标志保护产品辐射范围小，当前核准企业的主体多为单个合作社或公司，区域内部企业对地理标志采用的积极性不高，如此低的使用率严重制约区域品牌农产品的示范推广。数据显示，河北省蔚州贡米、长粒葡萄酒、京东板栗 3 个地标产品的核准企业名称仅为河北蔚县御粮合作社、昌黎龙腾葡萄酿酒有限公司、河北美客多食品集团有限公司 3 个主体。

三、提升河北省农业品牌竞争力对策建议

河北省在品牌农业建设方面已取得一定进展,如品牌总量增加、部分品牌价值提升、特色产业品牌建设成效初显等。但仍面临品牌建设与农业大省地位不符、综合实力弱、区域公用与企业品牌互动差、支持不足、市场认可度低等问题。为提升河北省农业品牌竞争力,提出以下对策建议。

1. 加强品牌建设规划与管理

完善河北省品牌农业发展规划,制定全面且具前瞻性的品牌农业发展规划,明确短期、中期和长期目标,依据河北省农业资源优势与市场需求,确定重点发展的品牌品类,确保规划符合农业大省的地位与发展需求。建立专门的品牌管理机构,健全品牌评估、监测和保护机制。加大对地理标志产品的挖掘与保护力度,严厉打击假冒伪劣品牌,维护品牌的合法权益。例如,学习法国 AOC 葡萄酒品牌认证模式,对河北省特色农产品如迁西板栗、宣化牛奶葡萄等进行严格的品牌认证管理,确保品牌质量与声誉。加强与其他省份的交流与合作,学习借鉴先进的品牌建设经验。例如,山东省在农业品牌建设方面取得了显著成效,河北省可以与其开展合作交流,学习其品牌规划、管理和推广的经验,结合自身实际情况加以应用。

2. 提升产品质量,推进标准建设

质量是品牌的核心竞争力,河北省应当重点提升品牌农产品的质量,制定和完善农产品生产、加工、包装、运输等环节的标准体系,确保农产品的质量安全和品质稳定。鼓励企业采用先进的生产技术和管理模式,提高农产品的科技含量和附加值。健全品牌农产品标准化体系,加快制定和完善农产品生产、加工、包装、运输等环节的标准,实现与国际标准接轨。以河北省优势农产品为重点,建设标准化生产基地,确保农产品符合高质量标准。

3. 培育头部品牌,引领协同发展

建立区域公用品牌与企业品牌的合作机制,明确双方的权利和义务,实现优势互补、协同发展。政府应加强引导和支持,鼓励企业积极参与区

域公用品牌建设，共同制定品牌发展战略与规划，提高区域公用品牌的市场影响力。培育龙头企业的带动，加大对农业企业的扶持力度，培育一批具有竞争力的龙头企业，以其为核心带动区域公用品牌发展。支持龙头企业开展技术创新、产品研发与市场拓展，提升品牌影响力与市场占有率。借鉴"丽水山耕"品牌发展经验，整合区域内企业资源，形成品牌发展合力。同时，企业要注重自身品牌建设，加强品牌创新和产品研发，提高品牌的核心竞争力。

4. 优化品牌定位，引导市场消费

加大宣传力度，讲好品牌故事，提高知名度和美誉度，精准定位目标市场为中高端消费者，开发特色农产品，综合运用多种媒体开展多样化宣传活动，创新营销模式，拓展线上线下渠道，加强与京津地区合作，开展调研，引导消费，提高市场覆盖率和忠诚度。精准市场定位，依据河北省环京津及交通要道的区位优势，明确品牌农产品的目标市场为中高端消费者群体。针对京津市场需求特点，开发高端、特色农产品，如有机蔬菜、特色水果、优质肉类等，满足消费者对高品质农产品的需求。综合运用传统媒体与新媒体，如电视、报纸、网络平台、社交媒体等，开展多样化的品牌宣传活动。创新营销模式，积极拓展电商平台、直播带货、社群营销等线上营销渠道，结合线下的体验店、专卖店等实体销售网络，实现线上线下融合发展。

5. 重视人才培养，促进技术创新

人才是品牌建设的关键，河北省应加强农业品牌建设相关人才的培养，包括品牌策划、市场营销、质量检测等方面的人才。鼓励高校和科研机构开展农业品牌研究，为品牌建设提供理论支持和技术服务。加大对农业科技创新的投入，推动农业生产技术、加工技术和保鲜技术的创新，提高农产品的品质和市场竞争力。例如，与高校合作开设农业品牌相关专业课程，培养专业人才；支持企业与科研机构合作，研发新的农产品加工技术，提高农产品附加值。

第二篇

河北省知名农业精品培育品牌建设

第二章　张家口万全鲜食玉米品牌调研报告

河北省张家口市万全区地处世界黄金玉米种植带，是著名的"中国鲜食玉米之乡"，先后被认定为"河北省出口鲜食玉米安全标准化示范县""全国鲜食玉米示范县"、全国唯一的"国家级出口鲜食玉米质量安全示范区"。万全鲜食玉米产业目前已成为引领万全农业高效发展的第一大主导产业，是万全特色农业发展的一张"黄金名片"。以习近平总书记"推动中国产品向中国品牌转变"重要指示精神为指引，万全区逐步加大品牌培育和宣传力度，"万全鲜食玉米"区域公用品牌的发布标志着万全鲜食玉米产业"品牌强农"工作步入了新阶段。调研组赴万全区对鲜食玉米区域公用品牌培育情况进行调研，通过对鲜食玉米种业企业、加工企业进行现场走访，与区农业农村局、鲜食玉米协会负责同志、种植户进行了深入的实地座访谈，交流探索品牌建设经验模式做法，提出品牌发展战略，推动品牌做大做强。

一、万全鲜食玉米品牌建设情况

万全区依托万全鲜食玉米独特的品质特征，采取"三品联创"的品牌体系打造品牌生态，"四力齐发"的组织模式助推品牌建设，"五业并进"的全产业链模式支撑品牌发展。

"三品联创"即区域公用品牌、企业品牌、产品品牌共同创建，构建了以区域公用品牌为核心，企业品牌和产品品牌为支撑，点面结合，共同发展的品牌体系。除"万全鲜食玉米"区域公用品牌外，万全区还着力培育企业品牌和产品品牌。其中金慧德公司被确定为清华大学的绿色食品基地，穗康、天勤等8家鲜食玉米加工企业和1家鲜食玉米专业合作社的部分产品通过有机认证；禾久、穗康等 10 件商标被认定为"河北省著名商标"；穗康、天勤等公司的 7 种鲜食玉米产品被评为河北省优质产品。依托"万全鲜食玉米"区域公用品牌，降低了产品品牌进入市场的成本，万全鲜食玉米加工产品比同类产品定价高 0.1 元左右，实现了产品溢价。

"四力齐发"即采取政府主导、龙头企业引领、行业组织协调、农户参与的品牌建设模式。政府主导：万全区政府加强鲜食玉米产业顶层设计，编制《万全区鲜食玉米产业示范园区总体规划（2023—2027 年）》；出台《支持鲜食玉米产业高质量发展若干政策措施》，积极引导土地流转，优先配水、输电、修路、安装通信设备，奖励"两品一标"认证；调整项目资金，近 3 年安排衔接资金 11 150 万元、争取上级奖补资金 320 万元用于扶持鲜食玉米产业发展，为区域公用品牌培育提供了政策和资金支持。龙头企业引领：万全区采取大企业引领，中小企业支撑的模式，培育带动力强的龙头企业，共抓品牌创建。如作为万全鲜食玉米产业领军企业的禾久集团，是国内首家通过欧盟标准有机认证的加工厂，"禾久"产品被评为"全国质量信得过产品"，起到了质量树品牌、品质立标杆的作用，提升了万全鲜食玉米的市场占有率和品牌影响力。行业组织协调：万全鲜食玉米协会通过制定鲜食玉米种植标准，保证万全鲜食玉米品质的稳定性，提高品牌的市场认可度和美誉度；通过制定玉米收购指导价格，维护市场秩序和行业整体利益，为品牌建设创造良好环境；通过组织各类交流和宣传活动，实现资源共享，讲好品牌故事，提升万全鲜食玉米的知名度和品牌的整体实力。农户参与：万全鲜食玉米种植和加工多采用"公司+基地+农户"的模式，通过订单种植、统一管理带动农户种植鲜食玉米，既实现了企业与农户的互利共赢，又保证了品牌质量。

"五业并进"即以专业化育种、标准化种植、集群化加工、多元化销售、秸秆综合利用的全产业链模式作为区域公用品牌发展的有力支撑。专业化育种：万全区是国家级玉米制种基地，其中华穗种业年育种面积达 20 000 亩，生产种子 400 万千克，本土化的鲜食玉米品种不但品质优秀，而且更适合当地生长环境，为保证鲜食玉米独特品质，提升品牌质量奠定了基础。标准化种植：万全鲜食玉米坚持以标准化种植为核心，以绿色、有机种植为方向，依据《鲜食玉米种植技术操作规程》《鲜食玉米优质生产技术规程》，强化种植环节的严格管控，保证了鲜食玉米品质。集群化加工：万全区共有21家鲜食玉米加工企业，加工水平不断提升，鲜食玉米加工产品从速冻、常温糯玉米果穗初加工，逐渐向玉米乳、玉米糁、空心面、饺子粉等精深加工产品发展，逐步实现产品多样化，提升了品牌的市场竞争力。多元化销售，万全鲜食玉米产品已形成了内销出口兼备、线上线下并行的销售模式。产品主要销往北京、天津等全国大中城市，以及出口韩国、美国、日本等多个国家，出口比例达到了总销售额的35%；禾久等企业线上销售比例达到了70%，转向电商渠道销售后，企业直接与消费者建立联系，更有利于品牌价值的培育。秸秆综合利用。秸秆综合利用：万全鲜食玉米秸秆均采用收割离田、窖式青贮和青贮包的模式，区域内有24家秸秆饲料规模加工企业。秸秆综合利用延伸了产业链，增加了种植户收益，提升了农户的种植积极性，助推了区域品牌发展。

依托一系列品牌培育举措，2020年"万全糯玉米"注册为地理标志证明商标，2022年成功入选农业农村部"2022年农业品牌精品培育计划"；"万全鲜食玉米"区域公用品牌2016年被评为"河北省名优农产品区域公用品牌"，2017年被评为"河北省十佳农产品区域公用品牌"，2023年在第二十届中国国际农产品交易会成功发布。

总体来看，"万全鲜食玉米"区域公用品牌带活了一个产业、富裕了一方农民。产业规模不断扩大。2024年万全鲜食玉米种植基地达到18.5万亩，其中，区域内面积10.5万亩，占区域总耕地面积的20%以上；鲜食玉米制种企业3家，其中华穗种业的鲜食玉米种子市场占有率常年保持在10%以上；21家加工企业中，省级农业产业化重点龙头企业4家，鲜穗加工量为6.8亿穗以上，2023年销售收入10.2亿元，其中电商销售额2.21亿元，出口1 030万美元；2024年全区共加工和青贮鲜食玉米秸秆18万吨，实现产值5 000万元。带动能力不断增强。万全鲜食玉米产业带动全区233户种植大户、1.8万余农户增收，全区鲜食玉米种植户人均收入3 685元；带动1 645名农民在鲜食玉米加工企业就业，2 400余名农民从事季节性务工。逐步形成了以万全为核心，辐射怀安、宣化等周边县区，延伸晋蒙的跨县域、跨省区的鲜食玉米种植基地群，同时也带动了运输业、包装业、餐饮业的全面发展。

二、万全鲜食玉米品牌的特色亮点

万全鲜食玉米品质的独特性、种质资源的卓越性和产业链的完整性形成了"万全鲜食玉米"区域公用品牌的独特市场竞争优势,使"万全鲜食玉米"有基础、有可能、有条件成为中国"鲜食玉米第一品牌"。

1. "一特二源"的资源禀赋形成品牌优势

"一特"指的是万全鲜食玉米品质的独特性。万全鲜食玉米皮薄无渣、软糯香甜,果穗大小均匀、籽粒饱满、颜色纯净。尤其是糯玉米,黏性更大、糖分更高、口感更好,具有"甜糯自然香"的独特品质特征。"二源"是指天然的地域资源和丰富的文化资源。万全鲜食玉米的独特品质得益于其独特的种植环境,万全地处北纬40°~42°的世界玉米种植黄金带,好土壤、好气候和好水源造就了万全鲜食玉米独一无二的特殊口感。同时,万全玉米种植传统迄今已有千年历史,有着鲜食玉米的美丽传说和悠久的玉米文化,造就了鲜食玉米品牌塑造的天然优势。

2. "原种原产地"的种质资源保障品牌发展

好种子种出好玉米。万全鲜食玉米制种一直走在全国前列,本土企业河北华穗种业掌握自有种质资源,通过自主研发量身打造了最适宜万全当地气候特点和加工企业及市场需求的万糯2000、万糯2018、万糯188等品相品质兼优的品种。其中,万糯2000被专家誉为糯玉米的"天花板",口感好、产量高、适种性广,种植面积占全国白糯品种的70%,在糯玉米品类中居首位。同时,华穗种业投资上千万元,与中国农业科学院、上海市农业科学院等多家科研院所合作致力于鲜食玉米品种的研究,具有强劲发展潜力,能够为万全鲜食玉米品牌发展提供坚实的基础和保障。

3. "多元融合"的完整产业链提升品牌价值

万全鲜食玉米产业链具有产业内融合以及产业跨界融合的特点。一、二产业内形成了包括育种、种植、加工、销售等环节的深度融合,同时,又在此基础上发展第三产业,与旅游产业融合打造"万全鲜食玉米嘉年华",与餐饮产业融合打造"玉米宴",与文化产业融合,创办鲜食玉米博物馆、举办玉米文化节,提升了品牌附加值。

三、万全鲜食玉米品牌的发展战略与对策建议

"万全鲜食玉米"区域公用品牌建设实践,将品牌优势转化为效益优势,形成了"强品牌—壮产业—富农民—促振兴"的良性循环。未来如何突破鲜食玉米产业发展瓶颈,增强品牌发展后劲,是提升"万全鲜食玉米"区域公用品牌的核心价值的关键。

1. 依托种业优势打造全国鲜食玉米育种基地

依托万全区鲜食玉米,尤其是糯玉米育种在国内的领先优势地位和万全区的环境资源,汇集全国相关高校及科研院所鲜食玉米育种力量,共同攻克育种难题,加速新品种选育,为鲜食玉米发展奠定基础,为区域品牌价值提升赋能。

2. 依托地域优势打造鲜食玉米标准化种植基地

万全鲜食玉米的独特品质来自当地独特的品种、独特的生长环境和科学的种植技术。为保证万全鲜食玉米的独特性,下一步可以进行产品特色质量检测,量化鲜食玉米品质特征,挖掘万全鲜食玉米的独特卖点,通过建设标准化种植基地,进行规模化、标准化种植,保证和提升万全鲜食玉米品质。

3. 依托产地优势打造鲜食玉米深加工企业聚集地

区域公用品牌价值需要靠经营主体传递,做大做强做优企业是提升万全鲜食玉米区域公用品牌发展实力的关键。因此,要依托鲜食玉米原产地优势,打造鲜食玉米精深加工产业集群。引进大型企业集团,加快高附加值产品的研发速度,发挥聚集效应,抢占鲜食玉米市场;引导加工企业精耕细分消费领域,实施差异化竞争战略,以应对资源有限情况下鲜食玉米加工面临的竞争风险,把万全鲜食玉米做成可持续发展的"大产业",提升区域品牌发展后劲。

4. 依托技术优势打造鲜食玉米产业数字化平台

收集、整合全国鲜食玉米种植、加工、销售、物流等各环节数据,构建产业大数据中心。通过数据分析,为企业和农户提供市场需求预测、种植指导,实现对鲜食玉米产业全链条的精准管理和高效运作。优化万全鲜

食玉米的线上销售模式，通过精准营销、个性化推荐等方式，提高品牌知名度和市场占有率。

5. 完善万全鲜食玉米产业链主体利益联结机制

万全鲜食玉米的订单化生产过程中，各产业链主体均会面临一定风险。其中企业的主要风险来自种植户违约、产品质量不符合要求，以及市场价格波动风险，而种植户则需要承担自然风险、市场风险以及企业信用风险。为保证各方利益，可探索"协会+平台+企业+基地+农户"的模式，充分发挥鲜食玉米协会的协调作用，监督产业链主体各方履行契约。同时，充分发挥农业社会化服务平台的作用，提供全产业链服务，促进形成以职业农民为种植主体的种植模式，保证产品质量，降低种植成本，提高风险应对能力。

第三章　唐山迁西板栗品牌调研报告

迁西县素有"中国板栗属京东、京东板栗属迁西"的美誉，在迁西县政府、科研机构、板栗企业以及众多板栗从业者的共同努力下，"迁西板栗"区域公用品牌影响力不断增强，为迁西县板栗产业的持续壮大注入了无限活力。为进一步做靓"迁西板栗"品牌，提升"迁西板栗"品牌价值，调研组通过深入调研，总结了"迁西板栗"区域品牌建设的经验启示，为品牌未来战略规划提供了有力支持。

一、迁西板栗品牌建设基本情况

迁西地处燕山南麓，是河北省唐山市唯一的纯山区县，自古以来就是板栗生产大县，有《诗经》《战国策》等典籍可循的板栗栽培史长达2 000多年。截至2023年，全县种植板栗75万亩，种植板栗5 000万株，人均占有板栗树100多株，百年以上树龄板栗树52 770多棵，板栗年产量达8万吨，产值突破20亿元，建成万亩标准示范园3个，千亩标准示范园20个，板栗专业村320个，板栗深加工企业35家，板栗专业合作社358家，迁西板栗直营店101家，板栗种植户达到6万户20万人。

迁西板栗品牌发展历史悠久，早在1990年6月，迁西板栗被第十一届亚运会组委会、林业部、农业部确定为标志产品；1998年迁西板栗被河北省人民政府评为"十大特色区域名牌产品"；2002年迁西县申请注册产地证明商标"迁西板栗"；2005年"迁西板栗"被认定为河北省著名商标；2008年"迁西板栗"成为全国板栗行业中第一个中国驰名商标；2014年浙江大学中国农产品区域公用品牌价值评估中，"迁西板栗"品牌价值为19.30亿元；迁西板栗荣列2024年中国果品地理标志区域公共品牌声誉评价前300榜单第11位；在国家知识产权局发布的2024年地理标志保护工程项目实施名单上，"迁西板栗"榜上有名。依托得天独厚的自然条件、先进的种植技术以及广泛的市场认可，多年坚持质、量并举，迁西板栗如今的品牌价值已达到35.97亿元。

二、迁西板栗品牌建设主要特色做法

1. 独特产地优势，引领全国种植

迁西板栗通过原生态和原产地优势，引领全国板栗种植。迁西县北靠冀北燕山山脉，地势多变，河流纵横，土壤富含有机质且结构疏松，大陆性季风气候带来充足的日照，为板栗的生长提供了得天独厚的条件，利用先天优势，迁西县积极打造"山顶松槐戴帽，山间板栗缠腰，山下瓜果梨桃"的"围山转"生态建设模式。自20世纪70年代以来，迁西县通过科学选种和嫁接技术，成功培育出多个板栗优良品种，其中燕山早丰、燕山魁栗、燕山短枝三个品种荣获国家科研成果奖。其中燕山早丰（别名3113）是在迁西县汉儿庄乡杨家峪村实生树中选出的品种，也是燕山地区原产主栽品种，广泛分布于河北的迁西、遵化、兴隆、迁安等地，在河北的邢台，北京的昌平、密云，山东的泰安等地也有分布。由于广泛的适应性和高产特点，燕山早丰的种植范围不断扩大，已经嫁接到全国各地，并且赢得了高度评价，迁西板栗独特品种引领了全国板栗栽培，进一步提升了品牌价值。

2. 政府搭建平台，力推区域品牌

迁西县成立了板栗产业化办公室、板栗产业研究发展中心，专业化开展板栗栽培和加工技术研究，并不断促进科技成果转化、开拓市场、打造品牌，先后出台《关于推进板栗产业高质量发展的意见》《关于加强板栗无公害生产工作的通知》等多个文件。为强化品牌建设，迁西县还对获得省著名商标、中国驰名商标的企业给予补贴奖励，对开设直营店和年销量50吨以上的直营店给予补贴奖励。目前，迁西县已建成板栗万亩标准示范园区3个，发展板栗专业合作社318家，培育发展了尚禾谷、远洋等收储加工企业等一批板栗食品加工企业，已在北京、上海、广州、西安、武汉等大中城市开设直营店102家。同时，为了扩大"迁西板栗"品牌影响，迁西县在中央电视台投放专题宣传片《迁西板栗》《漫话迁西板栗》，在京沈、京石高速公路设置户外广告，先后举办全国板栗产业发展研讨会、中日栗商恳谈会、名人走栗乡摄影展，连续多年举办"中国—迁西栗花节暨经贸洽谈会"等大型活动，大大提升了迁西板栗在国内和国际的市场影响力。

3. 三产协同发力，深挖品牌价值

迁西县在推进板栗产业的过程中，注重一、二、三产的深度融合。在第一产业方面，通过创新生产标准、品种选育科学化、技术服务一体化等措施，提高了板栗的产量和品质，全县75万亩板栗基地全部通过了河北省无公害果品产地认证，其中10万亩通过了日本农林水产省JAS有机认证。在第二产业方面，迁西县通过发展板栗加工产业，延长了产业链条，增加了产品附加值；在第三产业方面，迁西县大力推动"农业+旅游"发展模式，全县以板栗为主要特色的景区景点已达12家，休闲采摘园有40家，"归巢部落"被评为国家级"最美森林民宿"，迁西县被评为"全国森林旅游示范县"。迁西县还引入"互联网+农业"模式，发起"迁西有我一棵板栗树"认养活动，通过"迁西国控"官方网站等多种方式面向全球推广迁西板栗树认养，截至目前，已有2.2万棵板栗树被成功认养，认养费用达到300余万元，这些费用除了板栗树保护的日常开支外，全部返还到农户手中，不仅提高了种植农户的收入，还大大提高了迁西板栗的知名度。三产的深度融合为迁西板栗的品牌优势提供了强大的动力。

4. 辐射带动发展，提升品牌影响

迁西县充分利用自身优势，积极做好板栗的绿色有机生产，大力发展规模栽培，已经建成3个万亩标准示范园区，20个千亩标准示范园区，板栗专业村320个，在全县范围内形成了板栗标准化生产的辐射带动网络。不仅如此，迁西作为"中国板栗第一乡"，其成功经验对周边地区产生积极影响，引领了遵化、宽城、青龙、兴隆等地区板栗产业的联动发展。迁西板栗的发展还带动了相关产业发展，利用板栗枝条等废弃物发展栗蘑生产，推动栗蘑仿野生栽培、工厂化栽培，整个栗蘑产业呈现良好发展势头，迁西县又一次从品牌入手，先后申请了"迁西栗蘑"农产品地理标志、地理标志证明商标，加大宣传推介力度，迁西栗蘑产业获得了大发展，迁西板栗和迁西栗蘑相互支撑，相得益彰。

三、迁西板栗品牌发展战略与对策建议

1. 强化中心优势，夯实品牌基础

立足产业发展基础，强化中心优势，让迁西真正的发展成为全国板栗产业的技术研发推广中心、优种繁育中心、优质生产中心、加工仓储中心和文化引领中心，夯实品牌做大做强基础。一是加强板栗优种选育，通过遗传改良和杂交育种等手段，培育出具有高产、优质、抗逆性强的新品种，研发板栗加工专用品种，并通过建立板栗优种繁育体系，确保优良品种的快速繁殖和推广。二是建立优质生产示范中心，建立板栗质量追溯体系，让消费者能够追溯到每一颗板栗的产地和生长过程，增强消费者对产品的信任度。三是积极引导生产、包装、物流、销售等上下游产业协同发展，形成完整的迁西板栗供应链体系，打造板栗仓储、加工及产业发展的示范中心。四是依托迁西中国板栗博物馆、板栗文化节等载体和活动，挖掘和传承板栗文化，开发板栗主题的旅游线路和教育课程，打造具有地方特色的板栗文化品牌。

2. 延长产业链条，深化品牌形象

通过深加工增加产品的附加值不仅意味着从传统的初级加工向精细化、多元化加工转型，更是要将迁西板栗的品牌价值、文化内涵与产品创新紧密结合。依托现有的产业基础，引进先进的加工技术和设备，研发如板栗保健酒、栗花面膜、栗蓬茶、栗花花露水等技术含量较高的延伸产品，推动板栗剩余物循环利用、全值利用。同时，结合现代消费者的健康需求，利用生物科技和信息技术，创新开发板栗分子食品、精准营养食品等高端产品，推出低糖、无添加的绿色健康食品，满足市场的多样化需求。此外，通过精美的包装设计和品牌故事的传播，提升产品的文化品位，让迁西板栗不仅是一种食材，更成为一种文化和情感的传递者。延伸加工链条，不仅能够提升迁西板栗的经济价值，更能够带动相关产业的发展，提高迁西板栗区域公共品牌竞争力。

3. 发展产业联合体，提升品牌话语权

持续加强以迁西板栗区域公用品牌为主体，企业、合作社自主品牌为补充的母子品牌体系建设，完善迁西板栗品牌使用许可，实现"区域公用品牌+企业自主品牌"的良性发展。鼓励龙头企业牵引，农民合作社和家庭农场跟进，广大小农户和上中下游经营主体参与，共同组建迁西板栗农业产业化联合体。通过订单粘合、利益粘合、资金粘合等方式，联合打造板栗全产业链，提升产供储运销全产业链的韧性，形成完整板栗产供销链条，提升迁西板栗自身发展实力和本地板栗经营主体的话语权，摆脱外省大企业或中间商大比例利润瓜分，让更多的利润留在县域范围。总之，利用品牌优势提升行业话语权，使迁西县成为全国板栗价格形成中心，提高迁西板栗品牌竞争力。

4. 引入数字工具，助力终端品牌营销

积极推动"迁西板栗"公用品牌线上线下协同发展，借助品牌溢出创新营销模式。一是立足迁西丰富的板栗资源禀赋条件，通过整合全产业链资源，引入国内头部 MCN 机构，建立线上全渠道销售体系，直接打通种植端和销售端，不断降低交易成本，以满足消费者对于高品质板栗的需求。二是通过交易中心、线下门店等继续拓展线下业务，不断扩展销售范围。三是以抖音、微信视频号、小红书等多个社交媒体运营，构建板栗种植原生态场景和产品输出特点，建立消费者和产品的高度黏性，实现持续的产品复购和品牌信任，进而推动整个板栗产业的发展。

5. 拓展国际市场，提升海外竞争力

借助国际贸易平台、跨境电商等渠道，拓展迁西板栗的国际市场，提高海外市场的曝光度，提升迁西板栗的海外竞争力。迁西板栗畅销国内170多个大中城市，并出口日本、韩国等20多个国家和地区，是全国最大的板栗出口地，占全国板栗出口量的1/3。未来应该积极拓展国际市场，让迁西板栗更多地出现在国际市场的货架上、餐厅的菜单中或者食品加工企业的原料清单中，让消费者有更多机会接触和了解迁西品牌。此外，积极参与国际食品博览会、贸易洽谈会等活动，利用线上线下多渠道宣传推广，扩大品牌的国际影响力；加强与国际农业组织、研究机构和企业的合作与交流，提升迁西板栗在国际市场上的知名度和竞争力。

第四章　邯郸鸡泽辣椒品牌调研报告

鸡泽县地处海河平原黑龙港流域、漳河故道，是中国辣椒之乡、中国辣椒产业龙头县。鸡泽辣椒是全国农产品地理标志，2021年入选"中国农产品区域公用品牌市场竞争力新锐品牌"。鸡泽县高度重视品牌打造，出台了《大力实施品牌战略促进县域经济发展的意见》，深入挖掘品牌价值，着力实施"品牌兴农强县"工程，出台品牌战略发展意见及扶持政策，拿出专项资金用于品牌创建。规划编制了《鸡泽辣椒区域公用品牌发展战略规划》，推动鸡泽辣椒产业步入高质量发展新阶段。近日，河北农业大学调研组赴鸡泽县对鸡泽辣椒区域公用品牌培育情况进行调研，总结"鸡泽辣椒"区域公用品牌建设经验启示，为品牌战略布局与发展提供有力支撑。

一、鸡泽辣椒品牌建设基本情况

辣椒是鸡泽县的主导产业和特色产业，全县常年种植辣椒8万亩，覆盖椒农15万户，年产鲜椒16万余吨，带动周边县、市发展辣椒种植30余万亩。鸡泽县有辣椒加工企业130余家，年加工鲜椒60万吨，年产值达46亿元，拥有国家级龙头企业1家，省级7家，中国驰名商标2个，河北省著名商标6个，产品涉及精品酱、剁辣椒、辣椒酱等5大系列200多个品种，畅销国内外，剁辣椒系列产品占全国市场份额20%以上，带动周边县、市发展辣椒种植30余万亩，被农业农村部等九部委评为首批"中国特色农产品优势区"，并作为全国农产品加工业"一县一业"发展典型案例宣传推介。

鸡泽辣椒区域公用品牌建设是一个长期且不断发展的过程。在1983

年，鸡泽辣椒荣获外贸部颁发的"优质产品荣誉证书"。1985年，鸡泽辣椒被商业部评为"全国优质产品"。2002年，鸡泽辣椒被河北省确定为"名优农产品"。2017年12月，鸡泽辣椒入选农业部等九部委第一批"中国特色农产品优势区"。2019年9月4日，农业农村部批准对"鸡泽辣椒"实施农产品地理标志登记保护。2021年1月27日，国家知识产权局批准对"鸡泽辣椒"实施农产品地理标志登记保护。2022年10月，入选2022年农业品牌精品培育计划。

二、鸡泽辣椒品牌建设主要亮点

1. 坚持绿色发展，发展科技农业

坚持以质取胜，做大做优辣椒特色，制定了绿色辣椒种植、加工操作规程，推广低毒低残留农药、物理、生物防控等多项绿色生产技术。构建了县乡村绿色农业示范体系，实现农产品扫码全程可追溯。累计认证绿色辣椒8 000亩，绿色辣椒制品28个，认证面积和产品数量在全省名列前茅。联合中国工程院院士邹学校、湖南农业大学校长建设了专业研究辣椒育种的院士工作站，加快辣椒良种繁育步伐，带动辣椒产业上水平、增效益。与中国农业科学院、中国农业大学等高等院校、科研院所合作，进行辣椒红色素的开发利用，加强清火辣椒、降糖辣椒、减肥辣椒等功能型辣椒加工制品研发和生产，延长产业链条，提升产业竞争力。组建了辣椒食品工程技术研究中心，开展辣椒高附加值和功能产品的研发，先后获得国家专利26项（其中发明专利5项、实用新型专利17项、外观专利4项），为鸡泽县辣椒产业发展壮大提供了技术支撑。同时，为突破辣椒粗加工瓶颈，引进高端人才，开发辣椒新产品，邀请中国农业大学食品科学与营养工程学院倪元颖教授，到鸡泽县就辣椒产品深度开发和果蔬功能食品研发进行调研考察，计划在该县建立教授工作站，全力开展果蔬产品、功能食品研发，进一步提升农产品档次和附加值。

2. 夯实农业基础，推动辣椒产业化发展

坚持夯实农业基础地位，积极推进以辣椒为重点的农业产业化融合发展。一方面，推进项目建设，增强发展后劲。大力推进农产品加工和物流设施设备等农业产业化项目建设，先后引进实施了总投资7.6亿元的天下红预制菜生产、湘君府仓储冷链、三湘妹精制剁椒生产线等6个产业项目；先后争取湘君府和天下红2家联合体延链强链项目资金160万元，带动企业投资330余万元，谋划了总投资4 120万元的双君食品公司蔬菜（辣椒）仓储、加工物流中心建设项目，撬动社会资本投入3 100余万元，形成了发展合力，厚植了发展潜力。另一方面，强化利益联结，壮大产业化联合体。按照融合发展思路，以2家省级农业产业化示范联合体为载体，鼓励和引导上游辣椒加工企业与椒农建立了完善的利益联结机制，落实包种苗、包农资、包技术、包收购的"四包"措施，签订保护价收购协议2 300余份，实施订单收购3.4万余亩，形成了风险共担、利益共享的良性发展新格局，通过一系列举措，壮大了农业产业化联合体规模，保障了椒农收益，有力地带动了群众增收致富。

3. 促进辣椒传承，做强特色品牌

为促进辣椒传承，做强特色品牌，鸡泽持续用力提升辣椒产业知名度、影响力。一是统筹谋划，加强顶层设计。聘请全国著名农本咨询专家，为鸡泽辣椒区域公用品牌进行顶层设计，凸显鸡泽辣椒作为餐饮辣食调味品专业优势，科学定位"鸡泽辣椒—大厨的秘密武器"品牌，并进行了登记保护。二是绿色筑基，培植特色优势。科学制定了绿色辣椒种植、加工操作规程，推广低毒低残留农药、物理生物防控等多项绿色生产技术，建立了农产品可追溯体系，完善了绿色辣椒生产档案，实现了从田间地头到餐桌的全程可追溯。三是积极申报，构建品牌体系。通过近几年大力宣传推介，积极争创申报，"鸡泽辣椒"先后获评国家地理标志认证产品、地理标志产品保护品牌，以及"河北省十佳农产品区域公共品牌""河北省十大地方特色蔬菜""中国国际养生食品博览会金奖"等荣誉。2022年，鸡泽辣椒作为邯郸市唯一农产品品牌被农业农村部列入《2022年农业品牌精品培育计划》，湘君府企业品牌入选"邯郸市第二届名优企业品牌"。2023年争取市级品牌宣传专项资金33万元，于10月26—27日在北京举办品牌推介活动。

4. 依托历史传统，挖掘品牌故事

鸡泽县挖掘品牌故事，首先，鸡泽辣椒通过市场细分策略，专注于某个细分市场，最终成为行业的"细分冠军"。2018年，鸡泽县与农本咨询合作，对鸡泽辣椒进行品牌升级，将其定位为"专业辣食调味品"，核心价值提炼为"大厨的秘密武器"，这是国内辣椒产区中第一个聚焦为行业专业品牌的案例。其次，鸡泽辣椒的品牌故事挖掘注重历史传承和文化内涵。此外，鸡泽辣椒的品牌故事还强调技术创新和产业升级。面对市场压力，鸡泽人以技术创新驱动前进步伐，创造了工业化辣椒酱生产工艺，推动了辣椒产业的升级。如今，鸡泽辣椒的精深加工标准已成为河北乃至北方的行业标准，并且致力于推广绿色种植行业标准。

三、鸡泽辣椒品牌建设对策建议

1. 加强技术研发与创新，提升辣椒产业竞争力

鸡泽辣椒品种的培育、栽培技术的创新、加工技术的研发可以提升辣椒品质，为鸡泽辣椒品牌发展提供竞争优势。一是引进和培育优良品种。继续与大专院校、科研院所合作，引进和培育适合鸡泽县气候和土壤条件的优良辣椒品种。通过品种改良，提高辣椒的抗病性、产量和品质。二是推广高效栽培技术。加强辣椒高产栽培技术的研究和推广，包括土壤改良、施肥管理、病虫害防治等方面的技术创新。通过科学的栽培技术，提高辣椒的产量和品质。三是加强辣椒加工技术研发。依托现有的辣椒加工企业，加强与科研院所的合作，引进和研发先进的辣椒加工技术，提高辣椒制品的附加值和市场竞争力。

2. 深化产业链整合，促进辣椒产业融合发展

产业链整合可以推动辣椒品牌的市场拓展和有助于实现辣椒产业的可持续发展。一是完善产业链布局。加强辣椒产业链上下游的整合与协同发展，形成完整的产业链条。从育种、种植、加工、销售到物流配送等环节，实现资源共享和优势互补。二是推动产学研合作。与高等院校、科研院所等建立合作关系，引进先进的辣椒种植和加工技术。通过产学研合作，推动技术创新和成果转化，提升鸡泽辣椒品牌竞争力。三是培育龙头企业。扶持和培育一批具有竞争力的辣椒加工和销售龙头企业，发挥其在产业链中的引领作用。通过龙头企业的带动，促进整个产业链的协同

发展。

3. 完善产业服务体系，促进品牌建设和保护

通过为椒农提供信息、技术服务以及有关品牌发展的手段，不仅可以更好的了解辣椒产业发展情况，同时也可以加强鸡泽辣椒品牌的建设和保护。一是加强技术服务。建立健全辣椒产业技术服务体系，为椒农和加工企业提供全方位的技术支持和指导。加强与科研院所和高校的合作，引进和转化先进科技成果，推动辣椒产业的创新发展。二是完善信息服务。加强辣椒产业信息的收集、整理和分析工作，及时发布市场信息、技术信息和政策信息，为椒农和加工企业提供准确、及时的信息服务。三是加强产销对接。推动辣椒产业产销对接，建立稳定的销售渠道和供应体系。四是通过品牌策划、设计、宣传等手段，打造具有地方特色和市场竞争力的辣椒品牌。

4. 拓展国际市场与多元化发展，提升品牌影响力

借助国际展会、海外销售网络等渠道，积极拓展鸡泽辣椒的国际市场，同时开发各种辣椒产品和打造辣椒文化旅游产品，提升品牌影响力。一是开展国际贸易。积极开拓国际市场，了解国外消费者的需求和偏好。通过参加国际展会、建立海外销售网络等方式，将鸡泽辣椒推向国际市场。二是发展多元化产品。根据市场需求和消费者偏好，开发多样化的辣椒产品。如辣椒酱、辣椒油、辣椒粉等调味品，以及辣椒干、辣椒片等休闲食品，满足不同消费者的需求。三是加强文化融合。将鸡泽辣椒与当地的文化、旅游等资源相结合，打造具有地方特色的辣椒文化旅游产品。通过文化融合，提升鸡泽辣椒的品牌价值和市场竞争力。

第五章　承德平泉香菇品牌调研报告

一、平泉香菇品牌培育现状

1. 以高标准生产基地建设夯实品牌培育支撑力

"平泉香菇"建成了全国最大的越夏香菇生产基地。20世纪80年代平泉开始发展香菇，经过40多年的发展，2023年平泉香菇种植基地面积达到7万亩，年产量63.5万吨，占河北省总产量的18.8%，产值超40亿元，全产业链总产值达82亿元，稳居国内单品榜首。培育出希才菌业、森源、金稻田等40余家龙头企业，拥有育种企业16家，制棒企业50家，市场主体总量超过1 200家，香菇生产专业技术人员500多人，带动3.5万农户就业创业，形成了协同有力、生态完善的产业体系。平泉香菇定位于国内市场和国际出口市场，凭借优越的生态资源与优质产品，成为全国最大的越夏香菇生产基地，产品覆盖北京、上海、广州等60余个大中城市，满足多层次消费需求。在国际市场，平泉香菇以高品质、高附加值产品为核心，通过保鲜、干制、速冻、罐头等多种形式的产品供应，以及传统经销与电商结合的销售模式，出口至美国、日本、韩国等16个国家和地区，出口量占全国总量的40%，在亚洲和欧美市场树立了高端品牌形象。

2. 以"全产业链协同发展"铸牢品牌建设协同力

2005年平泉市首次提出打造"平泉香菇"区域公用品牌思路，就以"全产业链协同发展"为目标，不断推进技术创新和品种改良、优化生产模式，逐步完善了种植技术体系，构建起涵盖品种选育、良种繁育、高效栽培、产品加工、冷链储运、品牌营销和文化推广的完整产业链，香菇的产量和品质显著提升，推动了香菇产业向高质量发展转型，平泉香菇品牌的市场影响力持续扩大，成为国内香菇产业的标杆。2010年"平泉香菇"获得中华人民共和国农业部批准的农产品地理标志登记保护，2016年平泉县被中国食用菌协会授予"全国香菇出口优秀基地县"，2017年"平泉香菇"入选国家农业部等九部委第一批"中国特色农产品优势区"名单，2019年"平泉香菇"入选中国农业品牌目录农产品区域公用品牌，标志着品牌建设进入专业化、规范化发展阶段，2022年入选国家农业部农业品牌精品培育计划。通过每年投入300万元在央视媒体和承德西站等传播渠道宣传"平泉香菇，源来更好"，优化品牌符号识别体系，增强市场认可度，扩大品牌影响力。平泉市还获得"中国食用菌之乡""全国食用菌行业十大主产基地""中国特色产业集群50强""国家现代农业产业园""全国食用菌行业先进县""全国小蘑菇新农村建设优秀示范市""国家级出口食用菌质量安全示范区""国家级越夏食用菌产业集群"等多项国家级荣誉称号。

3. 以核心理念赋能提升品牌引领力

平泉香菇以"源来更好"为核心品牌理念，充分展现了生态优势、文化传承和匠心品质的有机结合。"源来更好"不仅是一句口号，更是平泉香菇在生态资源、文化赋能和匠心工艺支持下高质量发展的真实写照，彰显了其在国内外市场中的核心竞争力和广阔发展潜力。"平泉香菇"标志将蜿蜒曲折的辽河巧妙地化用在香菇的菇伞之中，既体现了平泉的自然环境地缘特征，又表现了产品盖厚柄短的香菇特点，形成"平泉香菇"区域公用品牌价值支撑体系——"文化更好""生态更好""匠心更好""管理更好""品质更好"；通过对平泉市文脉价值、产品特色的挖掘，形成品牌口号"平泉香菇，源来更好"；继而通过品牌符号识别体系，将品牌核心价值进行形象化描绘，以求在消费者心智中植入深刻的品牌印象。基于品牌带动力、品牌资源力、品牌经营力、品牌传播力和品牌发展力等构成品牌强度的"五力"要件创建的"中国农产品区域公用品牌价值评估模型"（简称CARD模型），综合评估"平泉香菇"2017年区域品牌价值为13.36亿元，2022年价值为42.26亿元，2023年价值为72.28亿元，"平泉香菇"品牌价值年均增长32.5%。

二、平泉香菇品牌发展亮点

1. 独特自然禀赋条件造就品牌菇源独一无二

平泉位于北纬40°纬度带上，昼夜温差大，晴天时间和低温时间较多，非常适合变温结实的香菇栽培，是香菇种植的黄金地带；平泉地下水源较丰富，优良的中性水质，适用于香菇种植。平泉香菇鲜品菌盖表面呈灰白色至浅褐色，表面光滑或花纹明显，具有菇质紧实、菇盖厚、柄短、含水量低的独特外在品质，也有营养丰富多糖含量高的内在品质，每100克香菇中含谷氨酸0.58克、氨基酸总量2.25克、蛋白质3.86克；平泉香菇口味纯正、清香、有韧性。

2. 高科技育种激活品牌建设原动力

平泉香菇以全面的生产体系构建和严格的质量控制，奠定了品牌的高质量基础与行业领先地位。通过不断的品种引进驯化、人工选育，栽培模式及技术手段的不断创新，使"平泉香菇"的特定品质在原有基础上得到逐步提升；0912、T2等香菇品种自2013年引育成功之后，一直保持旺盛生命力，已经持续使用10余年；平泉市国家级食用菌研发中心、平泉市食用菌技术研究院、承德市食用菌工程技术中心、平泉市食用菌产业服务局累计研发推广新品种、新技术、新模式145个，取得各项专利63个、省级科研成果13项，2023年华蕈10号和希才610香菇新品种，产品特性总体超越0912和T2等品种，已经推广3 000万棒，推广应用面积逐年扩大。

3. 高质量原料筑牢品牌安全防线

平泉市相信只有好原料才能生产出好产品。通过系统化的政策扶持和资源倾斜，为食用菌产业发展提供了坚实的基础。将农业品牌发展、产业强镇等涉农资金优先投向食用菌产业，筹集专项资金建立500个样本抽检点，重点对香菇生产原料质量进行控制，检测木屑、麸皮等主要原料，确保其优质安全，从源头上保证香菇质量。政府制定了《招商选资引智优惠政策》，每年投入不少于2 000万元用于产业化扶持，重点支持科技创新、品牌建设和新园区建设；与多家保险公司合作，引入政策性保险体系，推出价格指数保险和设施保险等创新险种，为食用菌产业提供全方位风险保障。

4. 高标准配方提升了品牌价值

在科技研发试验示范基础上，全市香菇制棒采用78：20：1标准化配方，推广3.3~3.4千克的标准菌棒，为保障菌棒的高质量与稳定性，全市推行工厂化制棒，灭菌、接种集约化生产模式；随着立体分层设计和架式发菌技术成熟，推广"双拱、两膜"标准化出菇棚，栽培与出菇环节实行精细化管理，优化种植流程，大幅降低生产成本，提升生产效率与产品一致性，香菇每棒产量最多可达1.25千克，收入超过10元，企业标准化、集约化制棒推广应用，不仅为菇农提供了优质的菌棒，也为"平泉香菇"高质量发展插上了翅膀。

5. 高水平培训锻造了品牌建设队伍

国家食用菌产业技术创新团队原首席专家张金霞研究员团队常驻平泉，深入田间地头，为农民提供技术指导和示范推广，重点推动新品种良种繁育与富氧养菌等集成技术。从品种选育到大面积推广应用，需要进行长期的试验示范，平泉市梓椤树镇菇蕈家庭农场就是新品种试验示范的先锋和标杆，不仅成功栽培华蕈10号等优质菌种，还在出菇棚内进行各类生产试验，如，雾化消毒、换气通道及保暖设备，并现场为农民进行讲解，每年培育高素质农民500人次，通过试验示范提高了农户种植效率，推动香菇产业创新升级。同时，"科技特派员区域包干、特聘农技员村落联结、高素质农民引领带动"的服务模式，为全市19个乡镇的3.5万户食用菌从业者提供全方位服务，夯实了平泉市食用菌产业发展的技术基础，为"平泉香菇"注入了强劲的科技动能。

三、平泉香菇品牌发展建议

1. 全产业链打造"平泉香菇"品牌

坚持"平泉香菇，源来更好"的品牌理念，以"全产业链打造"为核心战略，围绕全产业链协同，构建起高效运作体系，实现品牌与价值的全面提升。平泉香菇应继续引育优良品种，提升香菇的产量、品质与抗病能力；继续研发香菇制棒、灭菌、接种等先进技术，提升菌棒的产量和品质；加快香菇数字化生产、精细化管理设备研发，降低生产成本，提升生产效率；完善智能化冷链物流应链体系，确保全流程高效可控。加强"平泉香菇"产品精深加工研发与推广，以二、三产业投入品质为保证，实现香菇三次产业有机融合，全链条打造"平泉香菇"品牌。

2. 全价值挖掘拓展"平泉香菇"品牌

围绕"平泉香菇"区域公用品牌价值支撑体系——"文化更好""生态更好""匠心更好""管理更好""品质更好"的5个层面，深入挖掘"平泉香菇"品牌价值，厚植品牌影响力，通过品牌符号识别体系将"平泉香菇，源来更好"的核心价值形象化，将品牌印象深刻植入消费者心智中。挖掘"契丹祖源"历史文化的文脉价值，挖掘"辽河之源"自然保护区和水源涵养区的生态价值，挖掘"香菇栽培"技艺传承的工匠价值，挖掘"现代产业"管理内涵和创新价值，赋能香菇产业，实现平泉香菇产业从文化、生态到匠心、管理和品质更好提升，全方位提升"平泉香菇"品牌价值，拓展"平泉香菇"品牌溢价功能。

3. 全球范围宣传推广"平泉香菇"

在全球市场中，平泉香菇将以高质量和差异化竞争策略为核心，凭借高品质、高附加值的产品，加大品牌宣传投入，借助中央媒体、数字平台和区域特色活动强化品牌影响力，进一步提升平泉香菇欧美和亚洲市场份额，持续扩大国际市场份额，实现对随州香菇、庆元香菇品牌价值的超越，争取成为具有国际影响力的高端农业品牌。"平泉香菇"品牌建设不仅仅是建设品牌，更重要的是后续的推广和管理，在加强品牌意识，创建区域品牌的基础上，还应该注重品牌人才建设，将培养和引进的人才纳入"平泉香菇"品牌建设体系。选拔具有品牌管理潜力的内部人才进行专业化的培训，吸引国内外具有品牌管理能力的优秀人才，带动一批"平泉香菇"品牌管理者，使他们从理论上掌握品牌的真正内涵、战略手段和管理方法，做到理论联系实际，为"平泉香菇"品牌建设作出贡献。

第六章　张家口张北马铃薯品牌调研报告

马铃薯是张北传统优势作物，在政府的大力推动和各方面的共同努力下，做大做强产业取得了明显成效，已建设成为全国马铃薯种薯生产大县。为了更好地挖掘品牌价值，推动品牌成长，促进"张北马铃薯"区域公用品牌的长远发展，2024年11月18—19日，调研组对张北县马铃薯产业进行了深入走访调研，总结"张北马铃薯"区域公用品牌建设经验启示，为品牌战略布局与发展提供有力支撑。

一、张北马铃薯品牌建设基本情况

张北县地处坝上高寒区，气候冷凉、降雨集中、光照充足、昼夜温差大，适宜马铃薯的生长发育和干物质积累，是理想的种薯生产基地，是国内马铃薯种薯育繁种优势地区。早在1984年，张北县已成为全国脱毒马铃薯重点繁种基地之一。1990年张北县被国家计委和农业部批准为全国脱毒马铃薯种薯生产基地，2017年张北县被评为中国北方马铃薯之乡和马铃薯原原种之乡，2018年张北马铃薯获得国家地理标志产品认证，2024年入选农业农村部农产品精品品牌。张北县种薯产能全国领先，2024年建有120家组培室，微型薯网棚6 200亩，微型薯产量达到16亿~17亿粒，占据全国50%的产能，产值达到近4亿元。商品薯品种丰富，引进推广了冀张薯系列、京张薯系列、荷兰薯系列品种等马铃薯新优品种20多个，形成了早、中、晚熟品种相配套，种薯型、食用型、加工型品种相结合，白色、黄色、紫色等不同颜色相搭配的品种结构。张北县有3 000多户农民直接或间接从事马铃薯产业经营，年收入近1.5亿元。此外，张北县每年吸引5万~6万外地务工人员从事马铃薯的收获工作，经过测算张北县马铃薯产业共带动 40 万人就业。

二、张北马铃薯品牌建设主要特色做法

1. 坚持政府引导，合理产业布局

为了更好布局产业发展，一方面，成立领导小组，编制产业发展规划。县农业农村局组织编制了《张北县马铃薯产业园区总体规划（2018—2022年）》和《张北县马铃薯种薯基地建设规划（2019—2021年）》。另一方面，利用国家制种大县奖励政策，以小二台马铃薯现代种业园区为核心区，已经建成省级马铃薯产业园区 2 家，市级马铃薯产业园区 12 家，着力打造"一园一镇三区两中心"马铃薯产业布局，即国家级马铃薯种薯示范园；小二台镇马铃薯特色小镇；优质种薯生产区、商品薯高产区、贮藏加工物流区；国家级马铃薯综合交易中心和马铃薯大数据服务中心，重新构建马铃薯全产业链发展格局，促进张北马铃薯从"种植大县"向"品牌强县"转变。

2. 坚持科技引领，深化产学研合作

为了引领产业发展，一方面与河北农业大学、河北北方学院开展马铃薯产业合作，分别在张北的小二台镇、油篓沟镇、张北镇建立了马铃薯科研基地。特别是河北农业大学在张北成立了张北乡村振兴研究院，确保新品种、新技术、新农具等"三新"优先在张北使用示范和推广应用。另一方面，依托张家口市农业科学院不断发展完善种薯繁育技术，极大降低了优质微型薯的生产成本。以甘肃和内蒙古为例，两地微型薯产量为 10 万~15 万粒/亩，平均成本为 0.2~0.25 元/粒，张北县微型薯的产量为 25 万~30 万粒/亩，平均成本为 0.1 元/粒，仅为甘肃、内蒙古地区成本的 1/2。市场上种薯售价在 4 500 元/吨，而同样的原种在张北县的售价为 2 500~2 600 元/吨，不足市场售价的 50%。技术优势带来的成本降低使张北县种薯具有绝对的市场竞争力。

3. 坚持高平台宣传，严格标准先行

为了扩大品牌影响力，一是向河北省农业农村厅申报了农业精品品牌培育，在小二台马铃薯种薯生产园区树立了"张北马铃薯"标识，组织种

薯企业参加国家和省市举办的大型农展会和绿色有机农产品博览会，定期召开产品推介会。中央二台农产品纪录片《源味中国》对"张北马铃薯"地标产品进行了报道。二是由张北坝上马铃薯产业协会免费授权给41家种薯生产企业推广使用，印制一批种薯包装，通过企业推广张北优质微型薯，打造了有地方特色的农产品品牌。三是特邀张家口市农业科学院、河北北方学院等马铃薯行业专家进行"张北马铃薯标准""张北马铃薯质量技术规范""张北马铃薯栽培技术规程"的编制工作，并制定"张北马铃薯农产品地理标志使用规范"，打造高质量马铃薯品牌。

4. 坚持发展精深加工，延伸产业链条

为了提高产业利润空间，一是全力支持龙头企业发展，已经建成翼德农业、晶润农业、丰茂农业等马铃薯全粉、淀粉以及马铃薯净菜等加工企业5家，年加工能力20多万吨。二是建成马铃薯大型仓储交易市场3个，仓储能力达到75万吨以上，有规模以上储量的马铃薯仓储窖、气调库总计25家，仓储面积100万平方米，年分拣马铃薯用工量达到1万多人，基本上形成了集种薯生产、商品薯种植、仓储、加工为一体的全产业链条。三是把农户紧紧吸附到集种薯繁育、商品薯生产、仓储、加工为一体的全产业链上。在马铃薯仓储环节，吸纳劳动力近1万人次，人均年收入近2万元；在马铃薯加工环节，净菜、全粉、淀粉等加工用工450多人，人均年收入5万元；在机械加工等产业方面，如收获机、分选机、传输带制作等配套产业，吸纳劳动力近3 000人。

"张北马铃薯"区域公用品牌建设刚刚起步，调研发现存在着以下几点问题：一是自主育种能力偏低，种薯授权企业占比较低。二是品牌影响力不足，企业认可度较低。三是工商资本大量进入，利润空间较低；从业人员素质较低，专业人才短缺。

三、张北马铃薯发展战略与对策建议

马铃薯是张北县一大特色作物，马铃薯产业已成为富民强县的支柱产业。在张北县政府、张家口市农科院、马铃薯企业以及无数在张北县从事马铃薯产业人们的共同努力下建立的"张北马铃薯"区域公用品牌已经成为持续扩大张北县马铃薯产业影响力的不竭动力。未来张北县在区域公用品牌的引领下，基于自身优越的自然资源禀赋、种薯技术优势及良好的市场口碑，打造全国微型薯制种企业集聚中心，形成全国马铃薯种薯繁育高新技术集成扩散中心，并进一步发展成为全国马铃薯仓储、加工业经验启示示范中心，做大做强中国马铃薯产业。

1. 必须坚持品牌培育引领，推动产业链优化升级

坚持品牌构建培育与推动产业链不断优化升级是产业实现可持续发展和提升整体竞争力的重要途径。一方面，张北县积极打造提升"张北马铃薯"区域公用品牌，实施农业品牌精品培育计划与"增品种、提品质、创品牌"行动，通过提供优质的产品和服务，塑造独特的品牌形象，提升农业区域公用品牌的知名度和美誉度，为张北县马铃薯产业链的升级提供强劲动力。另一方面，张北县持续关注整个马铃薯产业链的发展动态和市场需求，通过技术创新、产品升级和市场拓展等手段，推动产业链向更高层次发展。产业链升级显著提高马铃薯企业的生产效率和产品质量，为农业区域公用品牌的发展提供更坚实的支撑。

2. 必须坚持以科技为助力，全面推进品牌持续发展

以科技为助力，全面推进品牌持续发展是当前产业竞争中的重要战略选择。一是紧跟市场需求变化，张北县持续优化升级微型薯繁育技术。通过自主技术创新，张北县种薯企业不断优化微型薯繁育的流程，不仅提升了微型薯品质，也提高了产量，在降低成本的基础上满足了市场对高品质微型薯的需求。二是加速品牌的数字化转型，张北县建立数字化营销平台、优化线上购物体验、利用大数据和人工智能技术进行精准营销，通过数字化手段，品牌可以更有效地与目标受众互动，提升用户粘性和忠诚度。三是利用社交媒体平台，对"张北马铃薯"进行品牌故事的讲述和传播，增强品牌与消费者的情感连接。

3. 必须强化全产业链观念，着力推动品牌溢价效益

强化全产业链观念，着力推动品牌溢价效益，是产业提升市场竞争力的重要策略。一是以种薯繁育科技化、种植有机绿色化、加工精深化为重点，加快推进马铃薯一、二、三产业相互渗透、交叉重组融合发展。二是围绕张北县马铃薯优势产业集群，利用其规模优势，吸引资本、原材料、

劳动力等生产要素聚集，在田间产量与产品质量、加工产品开发、市场布局、营销网格、仓储物流等各个环节上下力，整合并健全张北县马铃薯产业链。三是不断强化马铃薯深加工产品研发力度，发展马铃薯加工产品。依靠过硬的品质不断提高"张北马铃薯"区域公用品牌口碑，完成从种薯、商品薯、马铃薯加工等全产业链条品牌赋能，提升张北县马铃薯及相关产品的市场价格。

4. 必须严格行业质量标准，健全品牌保护体系

严格行业质量标准与健全品牌保护体系是保障产品质量、维护产业健康发展的重要举措。一是建立了严格的马铃薯行业质量标准，并完善马铃薯质量安全追溯、市场准入及质量责任追究制度，明确各相关单位的监管责任，确保在"张北马铃薯"区域公用品牌建设的各个环节、各个阶段都置于严格有效的监督之下，严禁不合格产品进入市场。二是加强对马铃薯种薯、商品薯、马铃薯全粉加工产品等生产、收购、加工、包装、储运、保鲜、流通、销售等各环节的全程质量监管，确保质量、品质及安全。三是大力推行张北马铃薯产地标识管理、产品条形码制度，做到"质量有标准、过程有规范、销售有标志、市场有监测"，打牢农产品品牌发展基础。

5. 必须培植壮大龙头骨干企业，开拓国际市场

培植壮大龙头骨干企业与开拓国际市场是实现品牌成长、扩大品牌影响力的根本途径。一是把翼德农业、晶润农业、丰茂农业等马铃薯全粉、淀粉以及马铃薯净菜等加工企业作为扶持重点，继续发挥"龙头带动""头雁先飞"的作用，在品种培育、产品研发、品牌创建、人才引进、功能拓展等各方面制定一对一的扶持政策和奖励措施，破解企业发展中的难题。二是制定优惠政策，在全产业链条的各个关键节点选拔扶持骨干企业，形成节节有龙头、点点有骨干的马铃薯生产企业集群。三是深入挖掘共建"一带一路"国家潜在市场，开发适合"一带一路"共建国家市场特点、符合当地消费者差异化需求的马铃薯及相关产品。

第七章　承德兴隆山楂品牌调研报告

为了深入挖掘品牌潜力，为市场宣传推广提供精准指导，促进区域品牌长远发展，调研组对兴隆山楂区域品牌进行实地考察，广泛对接了产业主管部门、种植农户和龙头企业，针对兴隆山楂品牌建设进行深入交流，在此基础上，总结了"兴隆山楂"区域品牌建设的经验启示，为品牌未来战略规划提供有力支持。

一、兴隆山楂品牌建设基本情况

山楂不仅是我国的特产果树，更是"药食两用"的中药，也是兴隆县的"县树"。兴隆县全县栽培面积22.6万亩，年总产量达20万吨，栽培面积和产量均居全国县级首位。目前，山楂栽培已覆盖全县20个乡镇、281个行政村，兴隆县平均每人拥有50棵山楂树。兴隆县山楂加工企业共87家，加工品种达30多种，年加工山楂20万吨，实现产值7亿元。兴隆山楂品牌价值73.24亿元，全国排名第一，品牌溢价率达到20%，品牌带动57 000个农户实现增收，其中11 600个脱贫户，2023年区域公用品牌带动当地农业总产值同比增加61 000万元，带动农民人均年收入同比增加1 500元。

兴隆山楂区域公用品牌建设是一个长期且不断发展的过程。自20世纪80年代初，兴隆县被国家林业局命名为"中国山楂之乡"以来，兴隆山楂保持了强劲的发展势头，特别是2010年以后，兴隆山楂品牌日益壮大。2010年12月，兴隆县创建的12.1万亩山楂基地被农业部绿色食品管理办公室和中国绿色食品发展中心认定为全国绿色食品原料标准化生产基地；2013年兴隆山楂获得中国国家地理标志证明商标的认证；2016年被国家质检总局批准实施地理标志产品保护；2017年"兴隆传统山楂栽培系统"被农业部认定为第四批中国重要农业文化遗产，兴隆山楂成功入选"河北省十佳农产品公用品牌"；2021年"兴隆山楂"成功入选中国农业品牌甄选会；2024年兴隆山楂成功入选农业农村部农业品牌精品培育计划。

二、兴隆山楂品牌建设主要亮点

1. 利用先天资源禀赋，锻造山楂优良品质

兴隆地理位置优越，海拔落差大、光照充足、昼夜温差明显、土壤质地轻富含有机质和中微量元素，利用这些先天资源禀赋，兴隆县明确山楂产业地位，不断优化山楂优良品质。首先，兴隆县是清朝的皇封地，封禁达270年之久，"三百年花开无人采，三百年果实无人摘"，落叶、腐果使土壤形成丰厚的腐殖层，土壤中富含钙、锰、锌、硒等多种微量元素，非常适宜山楂生长，品质优、营养丰富。其次，山楂树适宜于年平均气温在4.7~16℃的地区发展，最适宜的年均温度为10℃左右，兴隆县位于北纬40°黄金种植地带，大部分乡镇属最适宜栽培核心区，这里海拔高，昼夜温差大，有利于干物质的积累，使兴隆山楂的果胶、红色素、可溶性糖含量显著提高，形成了兴隆山楂独特口味和品质。

2. 传承百年栽培历史，凝聚山楂品牌文化

兴隆山楂栽培始于明万历年间（1573—1620年），距今已有400多年的历史，全县境内现存百年以上山楂古树千余株。兴隆人民在认识自然、改造自然过程中，逐渐形成的以地方特色山楂品种为主及燕山山地石坝梯田景观为辅，集栽培、储藏、加工等为内容的农业文化系统。在历次产业变更迭代中，山楂始终是县域发展的支柱产业，不断传承、发展和壮大，既保留传统特色，又不断赋予新的内涵和市场价值。兴隆山楂是"摇钱树"，承载着组祖祖辈辈兴隆人的热爱和期望；兴隆山楂是"幸福果"，刻画着兴隆人民对山楂无比自豪的情感与记忆。从小树苗到百年古树，从房前屋后到标准基地，从小作坊到大企业，漫山遍野的山楂树见证了兴隆县从贫穷落后走向富裕繁荣。兴隆山楂早已成为一种文化符号，凝聚了河北

兴隆地区数百年的山楂栽培历史与农业智慧，蕴含了对传统农业文化遗产的尊重与传承。

3. 构建科技支撑体系，提升品牌无形价值

为了深挖山楂"药食两用"的附加价值，提升品牌无形价值，兴隆县政府积极构建科技智力支撑体系，推进山楂产业产学研一体化建设。一是培育智力支撑体系。先后创建了河北省山楂产业技术创新战略联盟、河北省山楂产业技术研究院、院士工作站3个省级创新平台，为兴隆山楂发展提供了强大的科技支撑和智力支持。二是促进产业创新。兴隆山楂技术研发团队承担了山楂多糖提取物对人结肠癌细胞抑制作用、山楂浓缩汁降血糖、降血脂作用等开放性研发课题19项，取得国际先进、国内领先的科技成果达到11项，其中6项填补了国内空白，先后完成科技成果转化4项。三是打造全品类山楂加工。山楂加工产品覆盖山楂果汁、罐头、果脯蜜饯、糖葫芦等食品，山楂颗粒、抗栓保心等中药制剂，山楂蔷薇红液、山楂膳食纤维、山楂果粉、山楂素、山楂寡聚原花青素等保健化妆原料等30多种，销往全国30多个省市，并出口到日本、澳大利亚等国家和地区。

4. 整合全产业链资源，增强品牌竞争能力

兴隆县通过整合全产业链资源，实现了从种植加工、销售等各环节的紧密衔接和协同发展，提高了整个产业链的效率和效益，增强了山楂品牌的整体竞争力。兴隆县政府和相关部门通过政策支持和资源整合，为兴隆山楂产业的发展提供了良好的环境和条件，为促进山楂加工产业规范化、集聚化发展，全县正在加快建设以山楂加工为主的产业园区3个。山楂产业新型经营主体不断发展壮大，全县发展山楂农民合作社115家，其中国家级示范社3家、省级示范社10家，年外销山楂近10万吨；全县有山楂加工企业87家，其中省级产业化龙头企业4家、市级产业化龙头企业19家，年加工能力14万吨、年产值超10亿元。山楂全产业链发展。

三、兴隆山楂品牌建设存在的问题

1. 品牌向心力不足，保护力度弱

兴隆山楂种植主要以小农户为主，种植规模较小，多为分散型，不能

实现种植的规模化发展，离实现联合经营还有一定距离。兴隆山楂企业普遍采用代加工模式，为三只松鼠、百草味、良品铺子、薛记炒货等知名品牌提供代加工产品服务。在这种合作模式下，代加工产品往往未能标注其原料的产地信息，这种做法不仅削弱了兴隆山楂的品牌保护力度，也降低了其市场竞争力，由于缺乏明确的产地标识，消费者也难以识别并记住兴隆山楂的独特价值，从而影响了品牌的知名度。总体来看，兴隆山楂种植和加工环节均缺乏品牌向心力，无法实现强有力的品牌保证。

2. 品牌溢价力不强，市场信任度低

兴隆山楂地理标志证明商标更多地被局限在鲜果领域，而在加工品上被限制应用，这使大部分企业在面对市场时更倾向于选择代加工生产或者选择自有品牌，对"兴隆山楂"的品牌推广也非常有限，未将区域品牌价值保留。与此同时，品牌宣传的缺失使消费者对兴隆山楂品牌的认知度和信任度都相对较低，难以形成品牌忠诚度。加之知识产权保护的不力，使兴隆山楂品牌在市场上容易受到侵权和模仿，进一步削弱了品牌的独特性和市场竞争力。这些因素共同作用导致兴隆山楂品牌未能真正发挥其应有的品牌效益，难以实现品牌溢价的提升，从而影响了整个兴隆山楂产业的发展。

3. 品牌引领力有限，缺乏大型龙头

兴隆山楂企业数量虽多，但多为小型企业，知名度较低，全国范围内，兴隆山楂品质卓越却没有任何一家企业进入山楂企业十强榜。大型"链主"企业缺乏不仅限制了企业的创新空间，也导致兴隆县山楂产品在市场中缺乏品牌引领力，市场竞争力不足。同时，品牌引领力不强还导致企业在市场定价方面受到更大的限制，小型企业难以在市场上保持较高的定价权，更多受制于流通环节的企业和经纪人，从而降低了兴隆山楂通过品牌策略获取更高利润的能力。

四、兴隆山楂品牌建设对策建议

1. 聚力特色优势，打造中国第一山楂品牌

梳理环境资源禀赋、品质特性、历史传承、产业基础等优势，对兴隆

山楂进行精准定位，打造中国山楂第一品牌。一是建立一套山楂质量标准体系，包括生产技术标准、管理标准、加工标准、企业标准等，以最权威标准引领整个行业发展。二是做优做强一批原料基地，创建国家绿色食品原料（山楂）标准化生产基地，打造中国规模最大的山楂生产基地。三是借助科研机构、育种单位和产业龙头的力量，选育推广优秀山楂品种，形成中国最优、最全山楂种质资源库。四是打造全国优质山楂产业发展集群，打造最具有特色的区域品牌，提升区域形象和知名度，增强区域的吸引力。

2. 锚定自主品牌，建立"三位一体"支撑体系

为了获得更大市场机会和增长空间，兴隆山楂在向头部企业提供优质原料供给的基础上，更应积极锚定自主品牌，建立"优质原料+自主加工+三产融合"三位一体支撑体系，以保障"兴隆"山楂的可持续化发展。一是与国内头部企业在产品代加工、品牌联创、代理经营、授权加盟等方面开展深度合作，制作优质山楂原料基地标识。二是山楂企业积极调整策略，在兴隆山楂区域品牌的辐射带动下，积极推广自主品牌，不断创新产品，差异化定位，高端化发展，实现优质优价。三是按照三产融合发展思路，利用交通便利的地缘优势，将兴隆向精深加工方向延伸，构建起山楂原料、山楂初加工、山楂精深加工品产业链，促进农旅结合，努力实现山楂产业效益最大化。

3. 加大差异宣传力度，拓展山楂营销渠道

兴隆山楂应立足独特优势，加强宣传，大力提升产业品牌知名度。一是对"兴隆山楂"独特口味和药食同源作用进行推广，深入挖掘兴隆山楂历史文化、饮食文化等方面的资源优势，提升价值链，多领域加强山楂深加工产品开发，带动旗舰产品开发。二是构建线上与线下相结合、整体品牌形象塑造与渠道营销紧密结合的营销推广体系，引导和支持相关媒体开展品牌宣传活动，多角度展示和宣传品牌形象，提升品牌好度，增强品牌影响力。三是加强与国际市场的联系和合作，将山楂产品推向国际市场。通过参加国际展会、建立海外销售渠道等方式，提升山楂产品的国际竞争力。

4. 培育"链主"企业，补强品牌建设短板

"链主"企业作为产业链核心与整合枢纽，具备强大的资源整合能力，

能够整合产业链上下游的资源，形成完整的产业链体系，这种整合能力有助于提升"兴隆山楂"的品质和附加值，强化规模优势，稳固其产业链话语权，从而增强品牌的市场竞争力。因此，为了补强兴隆山楂品牌建设短板，应大力培育"链主"企业，争取政策与金融协同赋能，精准注资，重点打造大型国有龙头企业，依靠国有"链主"企业实力背书，迭代形象，重塑品牌竞争格局。同时在"链主"企业的带动下，积极组建企业联盟，凭借品牌集聚要素，吸引外来企业入驻，共同驱动兴隆山楂品牌向高端化、智能化、绿色化转型。

第八章　邯郸馆陶黄瓜品牌调研报告

馆陶地处冀、鲁、豫三省交界，是全国蔬菜重要生产县、中国黄瓜之乡、中国优质黄瓜生产示范基地。为进一步提升"馆陶黄瓜"品牌效益、促进农民增收，调研组深入走访馆陶县黄瓜产业，总结"馆陶黄瓜"区域公用品牌建设的经验启示，为品牌进一步成长提供可行建议。

一、馆陶黄瓜品牌建设基本情况

黄瓜在馆陶县已有1 300余年的种植历史。1987年，馆陶引入日光温室蔬菜栽培技术。自此，馆陶黄瓜的种植由露地、风障等传统种植模式逐步发展为日光温室、大拱棚、小拱棚、露地等多种生产模式，实现了黄瓜的周年生产。多年来，馆陶县积极响应国家乡村振兴战略，乘着京津冀协同发展战略的东风，重点培育和推广黄瓜产业。馆陶黄瓜常年种植面积10.23万亩，总产70万吨，年产值17.6亿元，总产量与产值均居全国前列，其中设施黄瓜面积5.6万亩，规模化黄瓜种植园区16个。全县拥有4家专业蔬菜批发市场，年交易量超100万吨，黄瓜销往北京、天津、山东、河南等全国各地。黄瓜产业带动周边1万余户群众就业创业，实现人均年增收9 000多元。

经过30多年的现代化发展，馆陶黄瓜凭借其独特的品质，获得业内外广泛认可。2015年，馆陶县被中国蔬菜流通协会授予"中国黄瓜之乡"称号，凸显了其在黄瓜种植和产业发展的领先地位；2018年，馆陶黄瓜获得国家地理标志产品认证，显著提升品牌价值；2019年，馆陶成功发布区域公用品牌"馆陶黄瓜"，增强产品的市场识别度；2022年，馆陶黄瓜入选年冬奥会指定产品，并圆满完成冬奥保供任务；2024年，"馆陶黄瓜"

成为被农业农村部纳入2024年农业品牌精品培育计划的全国82个品牌之一，为品牌持续发展提供更大的动力。此外，馆陶黄瓜荣获第十五、十六届中国国际农产品（北京）交易会金奖、连续五年荣获中国绿色食品博览会"金奖"。"魏徵""馆青"黄瓜商标连续荣获"河北名牌产品"和"河北省著名商标"称号，进一步提升其品牌形象。

二、馆陶黄瓜品牌建设主要亮点

1. 高适配自然禀赋筑基金牌品质

黄瓜对于生长环境的要求较为苛刻，但蔬菜生产大县馆陶县完美适配其生长要求。首先，馆陶县气候温暖，年均气温14℃，处于黄瓜生长最适温度范围；年日照时长2 557小时，有利于黄瓜进行充足的光合作用。其次，馆陶县土地条件优越，漳河、卫运河穿境而过，形成冲积平原，使得县内土壤耕层深厚、疏松、透气性良好，且具有很强的排水能力，既为黄瓜生长提供充足的养分，又保护其根部不受水害。得天独厚的自然条件为馆陶黄瓜独特的品质和口感奠定基础。

2. 全流程科技支撑赋能馆陶黄瓜

依托现代科技支撑，积极进行政产学研融合，形成育种、种植、生产、销售一体的黄瓜特色产业。馆陶县与天津科润黄瓜研究所、河北省蔬菜产业体系、河北省农业科学院等科研单位建立合作关系，推广了28个黄瓜新品种，引进示范种植了105个黄瓜新品种。同时，积极进行种植技术的推广，包括工厂化育苗技术、黄瓜病虫害生态防治技术、温室补光灯技术、温室平衡施肥技术、棚内玉米秸秆覆盖技术等设施生产集成栽培技术。在丰富种植品种的同时，园区内还坚持绿色有机理念，用有机肥培育，用生物法防治，显著提升馆陶黄瓜的附加值。馆陶县还开发了馆陶智慧农服小程序，为种植户提供空气温度、土壤湿度等环境数据，农资服务、产品价格等市场数据，以及入驻农业专家线上答疑，实现黄瓜从种到收的全程数字化管理。目前，1.5万亩以上的黄瓜种植区域应用智能化、数字化技术，每亩耕地的灌水成本可降低30~35元，化肥和农药使用量将减少30%，亩产增加5%。

3. 多主体联合运营助力产业协同发展

馆陶黄瓜采取"党组织+合作社+基地+农户+市场"的运营模式，通过党组织引领、合作社带动、基地依托、农户参与、市场导向的方式，实现黄瓜产业的规模化、标准化发展。通过资源、技术、信息的共享，这种运营模式将党组织的政治优势、合作社的产业优势、基地的资源优势、农户的劳动力优势以及市场的导向优势整合起来，形成了一个紧密产业共同体，提高黄瓜产业链的协同协作能力，增强产品的市场竞争力。同时，采取"土地流转+劳务收入""经营主体+生产基地""订单农业""托管服务"等措施，确保农户稳定增收。

4. "六统一"管理模式明确品牌规范

馆陶县实行统一种植、统一管理、统一农资、统一检测、统一包装标识、统一配送的"六统一"管理模式。通过推广科学的种植技术和方法，确保黄瓜的种植过程标准化、规范化，保证黄瓜的品质。实行统一的管理措施，包括灌溉、施肥管理、病虫害防治等，确保黄瓜的生长环境稳定且有利于其生长，减少病虫害的发生，提高黄瓜的抗逆性和产量。为黄瓜种植户统一提供农资供应，包括种子、肥料、农药等，既确保农资的质量和安全，又降低种植成本，提高黄瓜的种植效益。对黄瓜进行统一的质量检测，确保黄瓜的品质符合标准，有助于提升馆陶黄瓜的品牌形象和信誉度，增加市场竞争力。出售时，统一包装和标识馆陶黄瓜，确立在市场上独特的品牌形象。建立统一的配送体系，确保黄瓜能够及时、准确地送达，降低物流成本，提高销售效率，提升消费者的购买体验。通过实施"六统一"管理模式，馆陶黄瓜在品质、产量、品牌形象等方面都得到了显著提升，促进了产业的转型升级和高质量发展。

5. 多渠道融合营销拓宽产品销售半径

为了打造"馆陶黄瓜"品牌、提高农户收入，馆陶县采用多种渠道对黄瓜进行推广营销。首先，通过参加国内外农产品展会、举办黄瓜文化节等线下活动，提升"馆陶黄瓜"品牌知名度和影响力。同时，馆陶黄瓜通过合作社、批发市场、超市等多渠道销售，覆盖多层次消费者。其次，积极与电商平台合作，成立电商园区，进行专业电商人才培训，开展"电商+"营销模式，让馆陶黄瓜走出国门，走向世界。同时，馆陶县还持续促进"一二三产+市场营销"的推广方式,将黄瓜产业与科技、旅游等深度融合。依托黄瓜产业,馆陶县打造了全国知名的黄瓜小镇,建立了全国首个黄瓜博物馆,带动休闲农业和乡村旅游业的发展,并研发了黄瓜挂面、黄瓜酱菜、黄瓜护肤品等系列产品,提高黄瓜附加值,拓展销售渠道,实现线上线下融合发展。

三、馆陶黄瓜品牌建设对策建议

1. 立足品牌独特优势,开拓品牌营销新路径

深入挖掘馆陶黄瓜的独特优势,寻找其差异化定位,并充分利用数字技术进行推广营销。一是讲好馆陶黄瓜的故事,撰写高质量的推广文案,重点突出其色深形好的外观特点、清脆水润的口感优势以及种植千年的历史传承。二是探索并利用新兴的数字营销渠道,如社交媒体、短视频平台、直播电商等,更直接地触及消费者,进一步打响品牌知名度。三是推动品牌主体与大型电商平台、连锁商超、知名餐饮酒店等合作,开拓多元销售渠道,提高品牌效益,促进产业发展。

2. 践行生产"三品一标",迈向黄瓜产业新台阶

农业生产"三品一标"开启品牌建设新阶段,品种培优是基础、品质提升是根基、标准化生产是手段、品牌打造是核心目标。一是依托科研院校、育种单位的技术迭代,加快推广黄瓜优良品种,加强农业种质资源库建设及育种领域知识产权保护,按照"推优、推新、推高"的原则,确定推优品种,进行全县域推广。二是持续提高黄瓜品质,构建农产品品质核心指标体系,加强全员、全过程、全方位的质量监管,培育一批高标准引领的绿色优质黄瓜精品,提升品牌美誉度。三是紧抓标准化建设,强化生产档案记录和质量追溯管理,并对上市出售的黄瓜严格执行统一的分类标准。四是组建品牌打造团队,吸纳懂运营、善宣传的综合性人才。借鉴沂南黄瓜品牌打造经验,结合地方产业发展特色,培育专职从事农产品品牌运营管理企业。

3. 促进要素资源集聚,提高产业规模效益

要素资源聚集,降低单位面积的生产成本,提高资源利用效率,为品

牌发展提供价格优势。一是以现代农业产业集群示范区、现代农业产业园建设为抓手，引入深加工企业、配套关联产业、交易物流市场、产业文化园参与园区整体建设，加快规模优势向产业集群和要素集聚优势转变，尽快形成现代要素和功能高度集聚的产业集群高地。二是做强黄瓜种苗繁育基地，加快招商和培育壮大本地育苗企业，研发本地特色种植的黄瓜品种，夯实馆陶黄瓜产业发展基础。三是培育和引入一批高质量发展的产业龙头企业和新型经营主体，构建一批生产与加工、营销环节更加紧密融合的产业联合体。

4. 紧随乡村振兴战略，加快高标准园区建设

抓住乡村振兴战略实施和供给侧结构性改革的机遇，紧紧围绕国民消费转型升级和经济高质量发展的战略需求，以产业振兴为核心，以高标准示范园区建设为载体，推进馆陶黄瓜产业继续向前发展。一是明确园区的发展方向，合理规划内部布局，加快配套基础设施建设。二是扩大精品黄瓜种植规模，提升品牌形象，增加产业营收。三是合理规划城镇空间布局，以黄瓜产业为中心，向外拓展相关产业，继续促进一、二、三产业融合发展。四是注重可持续发展，推动产业向高端化、智能化、绿色化发展。

第三篇

河北省各市典型区域公用品牌发展模式

第三篇

河北省省市与建设区公用
品种及选择方式

第九章　承德山水"1118"发展模式

2019年承德市委、市政府立足承德生态优势，举全市之力打造"承德山水"农产品区域公用品牌。为解决农产品规模小、碎片化、品质与价格倒挂等问题，由承德供销集团成立承德山水生态农业集团有限公司，打造"承德山水"农产品区域公用品牌。承德市坚持"政府推动、市场运作、企业参与、协调联动"原则，着力实施"1118"（组建一个"承德山水"农产品区域公用品牌运营平台；打造一个"承德山水"农产品区域公用品牌；完善一个农业品牌发展规划；构建品牌基地建设、质量标准、安全监管、认证与检验检测、产品追溯、准入退出、品牌营销、知识产权保护八大体系）"承德山水"品牌发展模式。

一、承德山水子品牌简介

"承德山水"农产品区域公用品牌目前拥有13家中国驰名商标、86家国家级和省级龙头企业，涵盖全市36种国家地理标志保护产品、366个绿色、有机认证产品，226家企业、1 200多个单品、111.6万亩全国绿色食品原料标准化生产基地，已经完成入驻企业226家，入驻产品1 200多个。其主要子品牌如下。

1. 平泉香菇

平泉市位于承德东北部，地处燕山山脉末端，高山丘陵交错起伏，形成了许多小气候区，年平均气温7.3℃，昼夜温差大，年降水量适中，水质良好，为平泉香菇的生长提供了得天独厚的自然条件。平泉香菇不仅口感鲜美，而且营养价值丰富。平泉香菇中的谷氨酸、氨基酸总量、蛋白质、粗纤维、磷等营养成分均显著高于普通香菇。此外，它还富含天门冬氨酸等 15 种氨基酸、维生素 B_1、维生素 B_2、铁等多种对人体有益的微量元素。平泉香菇的种植历史悠久，地域分布广泛。目前，平泉香菇的生产规模已达到全国前列，年产量和产值均保持稳定增长。

2. 滦平中药材

滦平县地处燕山山脉腹地，四季分明，雨量适中，土壤肥沃，得天独厚的自然条件孕育了种类繁多的中药材。自古以来，这里就是中药材的重要产地之一，许多珍贵药材如黄芪、党参、柴胡、黄芩等，在这片土地上茁壮成长，为中医药学的发展提供了源源不断的原料。据史书记载，早在秦汉时期，滦平地区的中药材就已被当地百姓采集利用，用于治疗疾病、保健养生。随着中医药学的不断发展，滦平中药材的名声也逐渐远播，成为皇家贡品和民间良药。在漫长的历史长河中，滦平人民凭借对自然的深刻理解和世代相传的技艺，逐渐形成了独特的中药材采集、加工和炮制方法。随着时代的变迁，滦平中药材产业也在不断发展壮大。近年来，政府高度重视中药材产业的发展，出台了一系列扶持政策，鼓励农民种植中药材，引进先进技术和设备，提高中药材的种植和加工水平。同时，还加强了对中药材市场的监管和规范，确保中药材的质量和安全。

3. 承德苹果

承德县地处河北省东北部、燕山山脉深处，以中低山和丘陵为主，为国光苹果的生长提供了得天独厚的地理环境。国光苹果生长在海拔 300～650 米的燕山腹地，年日照时间长达 2 600 小时，这种光照条件有助于苹果进行光合作用，积累更多的干物质，使果实口感更佳。承德国光苹果的栽培历史悠久，多年来，承德县农民积累了丰富的栽培经验和技术知识，使国光苹果的种植技术日臻完善。目前，承德县是我国国光苹果保有面积最大的县，其种植面积和年产量均位居前列。国光苹果在 20 世纪八九十年代曾在多个国际和国内评选中获奖，2007 年入选"奥运推荐果品"，获"中国优质苹果金奖""中华名果"等荣誉称号。

4. 承德皇家贡米

承德皇家贡米的历史可以追溯到清朝时期。相传，康熙皇帝在巡游承德时，品尝了当地的小米，因其米质优良、口感香醇而赞不绝口，随后将其列为皇家贡品，故得名"承德皇家贡米"。这一传统一直延续至今，使承德皇家贡米在市场上享有极高的声誉。承德皇家贡米的采用绿色种植方式，科学化管理，不使用化学农药和化肥，保证了产品的绿色天然和品质安全。在加工过程中，采用先进的工艺和设备，确保产品的品质和口感。承德皇家贡米因其卓越的品质和悠久的历史背景，在市场上享有极高的声誉。它不仅是承德地区的特色农产品，也是国内外消费者喜爱的健康食品之一。近年来，随着人们对健康食品需求的不断增加，承德皇家贡米的市场需求也在不断扩大。

5. 承德板栗

承德板栗的栽培历史悠久，可追溯到数百年前。自古以来，承德地区就是板栗的重要产区，当地人民在长期的生产实践中积累了丰富的种植经验。板栗不仅作为重要的经济作物，还深深融入了承德的文化传统之中。在节日庆典、婚丧嫁娶等场合，板栗常被用作馈赠佳品，寓意着吉祥、幸福和团圆。承德市独特的地理位置和气候条件为板栗的生长提供了优越的自然环境。这里气候温和、雨量充沛、土壤肥沃、光照充足，为板栗的生长提供了充足的养分和水分。同时，承德市地处山区，空气清新、水源洁净，为板栗的绿色种植提供了有力保障。

6. 承德山楂

承德山楂被誉为"百果之王"，俗称"山里红"，以其独特的品质和丰富的营养价值闻名遐迩。承德市因山楂种植面积大、产量高、品质优，被冠以"中国山楂之乡"的美誉。承德山楂的栽培历史悠久，早在明嘉靖年间，兴隆山楂就被视为贡品、珍品，远销各地。承德地区的人民在长期的生产实践中积累了丰富的山楂种植经验和技术，形成了独特的山楂栽培文化。山楂不仅作为重要的经济作物，还深深融入了承德的文化传统之中，成为当地人民生活中不可或缺的一部分。近年来，承德市大力发展山楂产业，通过政策扶持、科技引领、品牌建设等措施，推动山楂产业向规模化、标准化、品牌化方向发展。目前，承德全市山楂种植面积达 30 多万亩，年产山楂 50 多万吨，占全国总产量的重要比例。山楂深加工企业众多，产品种类丰富，从山楂干、山楂糕等传统食品到山楂饮品、山楂药品等现代健康产品应有尽有。

7. 承德杏仁

承德山区是杏仁的主要产地，独特的自然环境和气候条件为杏仁的生长提供了得天独厚的条件。承德杏仁的产量居全国第一位，是当地重要的经济作物之一。承德杏仁颗粒饱满，肉厚而细，无论是甜杏仁还是苦杏仁，都具有较高的品质。甜杏仁香甜油多，是制作高级糕点和糖果的理想原料；苦杏仁则富含药用价值，对于因伤风感冒引起的多痰、咳嗽、气喘等症状有显著疗效。

8. 承德马铃薯

承德马铃薯主要产于河北省承德市围场满族蒙古族自治县，是该地区的特产之一，也是中国国家地理标志产品。承德马铃薯的种植历史可以追溯到清朝康熙年间（1662—1722年）设立木兰围场之后，至今已有300多年的历史。多年来，围场积极探索产业发展新模式，实现了马铃薯全程科学机械化种植管理，并不断自主研发培育新品种，引进脱毒、种薯栽培等新技术。目前，围场马铃薯种植面积稳定在70万亩左右，总产量近200万吨，总产值约35亿元。围场已经形成了以种马铃薯繁育为支撑、以商品马铃薯生产为主导、以马铃薯加工为延伸，集科研、生产、加工、贮藏、销售功能于一体的较完备的产业体系。

二、承德山水品牌的特色

1. 品牌的独特性

（1）独特的地理位置。承德位于京津冀地区，是"京津冀水源涵养功能区"，这一独特的地理位置赋予了承德发展绿色农业的天赐条件。

（2）丰富的自然资源。承德拥有得天独厚的自然资源，包括肥沃的土地、适宜的气候条件和充足的水源，为农产品的生长提供了优越的环境。

（3）多样化的农产品种类。承德出产的农产品种类繁多，包括时令果蔬、米面粮油、肉禽蛋奶等七大品类，涵盖了平泉蘑菇、宽城板栗、兴隆山楂等数十个具有承德特色的农产品品牌。

（4）优良的生态环境。承德生态环境优良，空气质量好，水源纯净，这为农产品的绿色、有机生产提供了有力保障。承德市出产的原生态农副产品，因其品质优良、安全放心而深受消费者青睐。

（5）绿色生产模式。承德市坚持绿色发展理念，推动农业企业入驻

"承德山水"平台,实现品牌与基地建设有机结合。通过建立优质农产品基地建设体系、农业龙头企业集群发展体系、农产品质量标准体系等,确保了农产品的绿色、有机生产。

2. 品牌的优势

(1) 品牌影响力强

承德山水农产品区域公用品牌在市场上具有较高的知名度和美誉度。通过近5年的品牌建设和市场推广,承德农产品已经形成了独特的品牌形象和品牌价值。无论是在本地市场还是京津冀市场,承德农产品都以其优异的品质和良好的口碑赢得了广大消费者的青睐。

(2) 渠道拓展广泛

承德山水公司积极拓展农产品销售渠道,形成了线上线下相结合的销售网络。在线上通过电商平台、社交媒体等渠道进行推广和销售;在线下,通过直营店及承德山水自有的农产品展示展销中心进行展示和销售。这种多渠道的销售模式,有效扩大了承德农产品的销售范围和市场影响力。

(3) 品质认证齐全

承德市政府高度重视农产品质量安全问题,积极推动农产品品质认证工作。通过国家有机产品认证、绿色食品认证、地理标志产品保护等多种方式,承德农产品在品质上得到了有效保障。这些认证不仅提升了产品的市场竞争力,也增强了消费者对承德山水农产品区域公用品牌的信任度和满意度。

3. 品牌标识释义

"承德山水"重点从绿色生态、塞罕坝精神、山庄文化、皇家文化等多个维度进行设计。"承德山水"是从《康熙墨宝千字文》原书中集字而成,彰显了承德历史文化名城的底蕴。"承德"取自雍正皇帝"承受先祖德泽"之意而得名。"山水"则承载了习近平总书记对承德作为京津冀水资源涵养功能区的厚望,并且积极响应习近平总书记"绿水青山就是金山银山"的理念。

"承德山水"以"承德"的"承"字为基本元素,即标志的整体结构是"承"字的变形,寓意"传承历史,承载未来。中间部分为汉字"合"

的变形,是结合、融合、合作的意思。标志轮廓是清朝皇帝乾隆所提的"丽正门",代表世界文化遗产避暑山庄,更代表承德辉煌的历史和厚重的文化;左右两侧是"承德"二字的汉语拼音字头"C""D"的变形。中间是乾卦与坤卦组成的,"寓意天行健,君子以自强不息,地势坤,君子以厚德载物"的传统价值观,来自我国五大国学经典巨著《易经》。标志中的绿色代表着青山绿水的自然生态与农业文明,红黄蓝三原色寓意了承德的皇家文化和悠久历史(图9-1)。

图9-1 承德山水标志

三、承德山水品牌运营模式

承德市成立了以市委书记、市长为组长的品牌建设领导小组,组建"承德山水"区域公用运营平台,得到了市委市政府高度重视、部门协调联动、企业积极参与、社会广泛认可的工作格局。按照全市统一规划,各县(市、区)积极培育一批区域品牌、一批领军企业品牌、一批产品品牌,实现了母品牌和子品牌良性互动,积极打造"承德山水"区域公用品牌。

1. 立足市场运营

更新观念,由依赖政策运营向立足市场运营转变。一是店铺试营业。2021年9月,原来只做展示的店铺全部实现市场化经营,开始零售业务。成立商贸公司,对业务人员进行业绩考核,对原有工会团购依赖政策强制向市场化手段转变。目前4家展示展销中心每年累计销售额100余万元。

二是改变销售方式。由原来的大宗配送，改为目前的直接发给个人用户，到店自取。累计完成工会销售近3 000余万元。三是提升售后服务水平。对原有客户中存在的问题进行梳理，解决积压问题。

2. 拓展销售渠道

拓展渠道，由单纯线下销售向线上线下融合转变。一是开展直播带货服务。自2021年11月抖音账号运营以来，线上团队深入企业，在田间地头、车间果园为企业带货10余场，每月进行直播10余场，实现品牌曝光20余万次，吸引粉丝1.1万个，粉丝团3 000余人，场播转化率值达到0.5以上。二是更新线上商城。与承德电信公司合作的承德山水小程序和线上商城开通，全部入驻企业商品实现了线上下单结算，在线商品600余种。三是拓展线上平台。今年新开通了快手店、京东店，与京东物流开展了承德特产推广活动，与工商银行、河北银行、建设银行、交通银行、承德银行等20余家线上平台进行了合作，200余个产品在金融系统平台进行销售。产品点击率累计达到50余万次。四是提高线上服务水平。引入"农安云"系统，由7家商业保险公司为使用"农安云"产品的用户提供2 000万元额度的质量保险，实现全部产品可溯源追踪。完成的电子入驻系统，可以通过线上完成电子申报认证。

3. 开发新型业务

开发业务，由工会团购一业向多业并举转变。一是拓展礼品业务。开发线上礼品卡、特产卡系统，实现线下发卡、网上兑换，开发各类卡产品20余种，由原来的单一工会团购业务，向电商服务领域拓展。二是拓展团膳业务。成功为多家大小食堂进行生鲜保供，承德跑山鸡、绿禾柴鸡蛋等优质农产品进入团膳渠道，线上开通了"团膳小程序"。三是拓展社区服务业务。与集团副食公司、供应链公司及相关入驻企业合作开发"承德一卡通"业务，实现社区服务业务的新突破。四是拓展传媒服务业务。成立了燕山濡水文化传媒公司，与微信河北、抖音河北等大平台进行对接，加大对入驻企业服务力度。每年组织3次直播带货比赛。五是开发自营产品。不断优化产品供应链，开发了承德好粮、承德好果、承德好菜等系统产品，在旅游市场推广了"承德山水"矿泉水产品，杏仁系列产品也已完成包装设计等待生产。

4. 多元合作经营

推动合作，由国企自营向联强引资转变。一是完成与天津食品集团合作。双方按照原定计划，合作成立了承德山水商贸公司，实现承德、天津双向市场营销合作。二是与北京民营企业合作。与北京果之链公司合作拓展北京团膳团购市场。三是与滦平民营企业合作成立品牌管理公司，以滦平县为试点，开展品牌基地建设，与滦平国行融投公司合作推进农产品基地建设。四是不断拓展外埠市场。先后与上海河北商会、深圳承德商会、廊坊新仓购、鲁粮集团、内蒙古国铁等合作，通过线上供应链支持、建设销售网点等方式把承德产品推向全国。

5. 打造平台经济

搭建平台，由产品销售向平台经济转变。一是搭建电商平台。承德山水小程序、承德山水官网、承德特产网，实现线上 B2C、B2B 销售，有效地完成了 O2O 平台功能的实现。二是搭建质量控制平台。引入北京农学院农安云系统，为全市农业企业质量信用体系建设建成高效实用平台。三是搭建品牌宣传平台。建成微信广告、手机短信、社区店广告、高速服务区广告等品牌宣传平台，与多家广告机构达成战略合作。计划在 30 家直营店建设广告传播系统，降低品牌宣传成本。四是创建直播带货基地。供销集团投入 1 000 平方米固定资产吸引入驻企业创建直播带货基地，自创建以来，建成娱乐直播间 1 个，带货直播间 2 个，选品大厅 1 个，已经引入直播企业 2 家，完成了"果壳郎大舞台"等账号的开启，引入先进的直播运营团队，为承德山水入驻企业及滦平、宽城、围场等基地，提供直播指导 20 余次，新开直播账号 10 余个，指导御今、新硕、瑞泰等多个企业开启电商业务。五是用好传统平台，提升品牌的国内知名度。与国内知名媒体合作在中央电视台、新华网、《人民日报》等官媒发表各类宣传稿件 60 余篇，与长城网、河北日报新媒体等省市媒体合作，制作各类专题片、传记 10 余篇。利用农业品牌项目在市区投入大屏广告 100 余万元，在高铁、车站等人口聚集区增加了广告投入。六是拓展网络平台，增加品牌的市场认可度。建设自有宣传平台，成立传媒公司，利用自有的门店大屏、户外大屏、南北区交易市场人流、网站访问量、手机短信平台、微信朋友圈等自有平台，投入各种宣传广告 1 200 余条次，品牌曝光率达到 100 余万次，仅投入手机短信就达到 50 000 余条。用好直播宣传平台，在抖音、快手等直播平台开设商城，充分利用抖音平台的宣传效益，邀请达人带货 5 次，与网红合作进行品牌推广 4 次，累计品牌曝光率达到 200 余万次。增加搜索引擎推广，成功创建"承德山水"百度百科，对区域公用品牌进行了详细系统的宣传。在百度、高德等网络地图对全市店铺进行注册推广。

6. 着力品牌提升

深化服务，以综合手段提升品牌影响力。一是策划品牌活动，开创品牌推广的活动品牌。与宣传部门合作制作了承德山水品牌宣传计划，并积极开展各类活动。二是积极筹划会、节、论坛活动。与承德日报社、承德电视台组织了年货大集、承德农产品国庆展销会等活动，确定每年 11 月 11 日至 12 月 12 日是承德山水产品电商节。完成了品牌产品"十佳推荐官"评选活动并举行了颁奖仪式，与河北省人力资源和社会保障局组织了首届承德直播带货大赛评选活动，参与支持了"我为河北代言"直播带货活动等。三是品牌故事挖掘。与省市媒体采访制作品牌推荐视频 20 余集在承德电视台上进行了播放。正在与长城新媒体合作策划开展品牌故事挖掘，计划对 100 家企业进行品牌故事视频拍摄。四是参加国内知名品牌活动。参加中国国际农交会、中国绿色食品交易会、中国国际进口博览会、全国糖酒商品交易会等各类大型会展活动，利用传统平台，增加品牌曝光率，提升品牌影响力。2021 年被评为最受消费者喜欢的区域公用品牌。2022 年参加全国最活跃的农产品区域公用品牌综合类评选，网络投票第 2 名。五是自建为农服务的品牌宣传系统。2021 年以来承德供销集团，利用自有的临街房产、直营店铺投资 100 余万元建成宣传大屏 3 块，宣传广告机 30 个，注册成立了"燕山濡水文化传媒有限公司"，为 226 家入驻企业开通了超便捷、最低价广告宣传服务。

四、承德山水品牌八大体系

政府构建品牌基地建设、质量标准、安全监管、认证与检验检测、产品追溯、准入退出、品牌营销、知识产权保护八大体系，全面保障品牌建设和发展。

1. 基地建设体系

立足"一环六带"全域产业布局,加快农业结构调整步伐,集中力量抓好以"五个百万"为重点的产业带项目建设,建设一批规范标准的农产品种养基地。持续深入开展"扶龙行动",扶持壮大以"双30强企业"为主体的龙头企业,培育壮大品牌创建主体,发挥龙头企业组织化、产业化优势,与农民合作社、家庭农场(种养大户)等相联结,与原料基地建设相结合,打造具有较强竞争力的产业化联合体和企业品牌。按照"一县一品"的思路,做大做强六大特产之乡,扶持特色农产品优势区、现代农业产业园等建设,推动资源要素在品牌引领下集聚,积极培育果菜菌、肉薯药等"大而优"的大宗农产品品牌,同时以新型农业经营主体为主要载体,发展地域特色鲜明的"小而美"特色农产品品牌。推进"承德山水"农产品区域公用品牌与基地建设有机结合,实现每个使用"承德山水"农产品区域公用品牌的产品都有基地支撑,每个基地都有规范化体系保障。

2. 质量标准体系

积极构建覆盖全类别、全产业链的产品标准体系和覆盖生产经营全过程的管理标准体系。统一规范在生长环境、种(养)殖环节、生产加工、贮运操作、包装运输等方面的基本要求,制定完善农业投入品使用、农产品分等分级、产地准出和质量追溯、贮藏运输、包装标识等方面的标准,形成既与国际标准接轨又适合农业产业发展需要的农业标准体系。鼓励使用"承德山水"农产品区域公用品牌的龙头企业主导和参与国际、国内先进农产品标准的制(修)订。鼓励企业、行业协会、学会积极参与研究制定具有承德鲜明区域特色可量化特征指标的"承德山水"产品标准。鼓励及时将农业科技创新成果转化为标准,不断提升承德市农产品标准话语权,用高标准引领高质量。

3. 安全监管体系

以农业生产基地为主体,开展水质、土壤、空气等项目的产地环境检测,实施耕地质量保护提升和化肥农药减量增效行动,推进秸秆、农膜等农业废弃物回收利用,大力推进畜禽粪污综合治理,减少农业面源污染。全面落实企业农药、兽药、饲料等投入品规范使用、产品自检自查报告、产品标准自我声明和监督、质量安全强制报告、缺陷产品召回等质量保障制度，确保企业质量安全主体责任落实。建立健全从种植养殖、生产加工到平台销售全链条的产品质量监管体系。加强农产品产地环境保护治理，建立产品安全风险分析制度，及时发现消除潜在安全隐患。

4. 认证与检验检测体系

推动使用"承德山水"农产品区域公用品牌的企业开展绿色食品、有机食品、地理标志农产品认证和原产地产品认证、质量安全认证，鼓励龙头企业开展 HACCP、ISO22000 等管理体系认证。在"承德山水"农产品区域公用品牌具备一定影响力后，探索品牌认证模式，通过认证的权威性提高品牌认可度。发挥市级检验检测机构基础作用，确保抽检产品符合安全要求。引进国家级、省级等权威检验机构对农产品特色优势量化指标进行检验检测，扩大"承德山水"农产品质量、品牌的影响力。

5. 产品追溯体系

加强生产基地农产品质量安全全程可追溯监管，推行农产品合格证及二维码追溯制度，建立生产记录可存储、产品流向可追踪、储运信息可查询的农产品质量安全追溯体系。依托互联网技术，以农产品质量安全追溯体系、食品安全溯源体系数据为支撑，实现"承德山水"区域公用品牌农产品"从田间到餐桌"的全程可追溯。

6. 准入退出体系

根据"承德山水"农产品区域公用品牌管理办法和质量标准体系，依法建立准入、退出机制，实行准入产品强制检验，加强日常管理，把好品牌准入关。委托专业机构定期对"承德山水"农产品进行全面评估和检验检测，对评估不合格、检验检测不合格、有损"承德山水"品牌声誉的农产品和违反"承德山水"品牌许可使用规则的企业，终止其"承德山水"商标许可使用资格。

7. 品牌营销体系

坚持市场化运作，发挥平台主体作用，以消费者认可为目的，延伸品牌生命力，提高品牌影响力。充分利用消费扶贫京津结对帮扶政策，建立京津冀消费扶贫协作机制。组织开展定向直供直销活动，推动北京、天津组织各级各单位优先采购"承德山水"品牌农产品。北京、天津合作方通过运营平台在其区域内所销售的农产品，可先按其销售净利润给予大额奖励抽成，之后再按运营平台股权比例参与利润分成。推进承德农产品冷链物流产业园项目建设，形成从产地到餐桌的冷链物流体系。加强"承德山水"全媒体宣传推广，重点聚焦中央及省级媒体以及新兴媒体。制作"承德山水"PC端及手机端电商交易平台，入驻第三方电商平台开设"承德山水"农产品旗舰店，注册"承德山水"官方微信公众号。拍摄"承德山水"专题片，有针对性地在北京、天津特定区域定期投放，以公益广告形式在央视等中央媒体进行宣传推介。举办承德"承德山水"农产品展销会、洽谈会、推介会，参加中国（廊坊）农产品交易会、京承及津承农业产业扶贫协作推进会议等产销对接活动，将"承德山水"农产品推向市场。

8. 知识产权保护体系

组织建立企业自我保护、政府依法监管、社会监督和司法维权保障"四位一体"的品牌保护体系，"承德山水"农产品区域公用品牌企业优先享受相关品牌保护业务培训、维权指导。建立跨区域联合执法机制，依法严厉打击"承德山水"农产品区域公用品牌侵权违法行为。

五、承德山水品牌建设效果

1. 入驻企业逐年增加

目前，已有226家企业入驻"承德山水"平台，成为该品牌的授权使用主体。这些企业涵盖了米面粮油、肉禽蛋奶、时令果蔬等多个领域，形成了较为完善的农产品供应链条。企业通过严格筛选和审核，确保其产品符合"承德山水"品牌的品质标准和要求。入驻企业累计实现京津市场品牌产品销售7.8亿元，带动支农产品实现销售262亿余元。承德山水生态农业集团下属子公司发展至10家，北京滦丰、山水商贸、宫霄御选等拓展京津冀市场的子公司全力运营，企业自营累计实现销售5 000余万元。

2. 品牌影响力明显提升

依托全市360个绿色、有机认证产品，21种国家地理标志保护产品，116.6万亩"全国绿色食品原料标准化生产基地"，10余个国家级、省级农产品质量安全县等过硬基础条件，"承德山水"品牌从最初的不到10个品牌，发展到产品包含7大类1 200个单品、拥有13个中国驰名商标的农业区域公用品牌。中央、省市等百余家主流媒体进行了百余次宣传报道。承德"天蓝、山绿、水清、土净"的优良生态环境、"好山好水好食材、原产原味原生态"的农产品特色属性，已经深刻植入广大消费者心间。承德山水农产品区域公用品牌已辐射了多个绿色、有机认证产品和国家地理标志保护产品，这些产品赢得了良好的市场口碑和消费者信赖。

3. 合作共赢取得新突破

先后与北京首农集团、物美集团，天津华旭集团、食品集团等京津大型国企，国家电投集团承德新能源公司、河北大唐新能源公司、丰宁建投新能源公司等新能源企业和广州"大亚湾区"企业进行了深入合作，签订了购销协议，成功在工商银行、农业银行、建设银行、邮储邮乐购、承德银行等银行系统电商平台及燕赵保险自营平台建立"承德山水"专区，有效地推动了承德市农产品走向更加广阔的国内市场。

第十章 保定苹果"多方联动"发展模式

保定市西部太行山区拥有着悠久的"保定苹果"栽培历史，保定苹果曾连续八载荣登国宴，如今"保定苹果"已成为省级农产品区域公用品牌，为区域经济发展注入了动力。保定市苹果种植面积近18.6万亩，年产量达19.5万吨，总产值高达9亿元。目前已获得地理标志证明商标1项，版权登记证书4项，核心生产企业的产品均获得了绿色、有机认证，形成了"政府引导、企业主体、市场运作、社会参与"的"多方联动"发展模式。

一、保定苹果品牌发展历程：岁月沉淀，厚积薄发

"保定苹果"区域公用品牌的发展历程犹如一部波澜壮阔的史书，镌刻着保定苹果产业长期积累与持续创新的辉煌篇章（表10-1）。保定市作为全国最早引种并繁育红富士苹果的区域之一，据《易州志》记载，保定苹果栽培历史可追溯至明朝弘治十八年（1505年）。近年来，保定市政府高度重视苹果产业的发展，与河北农业大学等科研机构深度合作，不断攀登苹果品质提升与品牌影响力扩大的高峰。

表10-1 "保定苹果"区域公用品牌发展历程

年份	发展历程
2006	顺平县政府与河北农业大学紧密合作，于顺平县南神南建立首个"三优富士"苹果基地，开启苹果产业发展之路
2014	河北农业大学顺平水果试验示范站建立，"太行山第壹驿站"应运而生，在其辐射带动下，保定苹果产业快速发展，在西部山区7个贫困县建立了10余处成方连片、高标准、现代化苹果基地，面积达20 000余亩
2018	保定市政府与中国果品流通协会在北京国家会议中心联合举办了保定苹果区域公用品牌战略发布会，标志着"保定苹果"区域公用品牌的正式发布

(续表)

年份	发展历程
2019	依托河北农业大学的科研优势，保定苹果的品质和产量持续提高。保定苹果区域公用品牌在市场上逐渐得到认可，品牌知名度和影响力不断提升
2020	"保定苹果"顺利通过了国家知识产权局商标局审查，正式获批地理标志证明商标，品牌价值得到进一步彰显。保定苹果在多个农业博览会、果品交易会等活动中屡获殊荣，品牌影响力持续扩大
2023	保定苹果产业步入高质量发展快车道，在全省推进苹果产业高质量发展现场会暨山地苹果鉴评推介活动中，保定选送的多个苹果品种荣获"果王"和"金奖"称号，全市荣获奖项位居全省第一。"保定苹果"已取得多项认证：建立了以地标为核心、商标专利版权为周边布局的品牌商标保护体系

二、保定苹果品牌的特色与优势

1. 四个"新"特色

历经多年的发展沉淀，保定苹果产业成功实现四个"新"的华丽转身。

"新"果农：保定市政府与河北农业大学签署了农业科技创新战略合作协议，共同打造太行山农业创新驿站，涌现了一批观念新、技术强的新果农，成为苹果产业发展的生力军。

"新"技术：依托河北农业大学技术优势，保定应用了世界上先进的苹果栽培管理技术，重点发展"三优"栽植模式，即优良品种、优良砧木、优良栽培技术，为苹果产业注入强大科技动力。

"新"业态：保定以栽培为基础，不断发展休闲农业、乡村旅游、精深加工、智慧农业、期货交易、电商交易等。绿阳现代农业园区、顺农果品现代农业园区等逐渐成为保定乡村旅游重要景点，吸引北京、天津、石家庄等地游客前往。

"新"组织：成立了保定苹果产业联盟，成员覆盖苹果全产业链条，推动产业协同发展。

2. 四个优势：得天独厚，品质卓越

（1）资源禀赋优势

一是地理位置优势。保定地处太行山北部东麓，京津冀腹地，环抱河北雄安新区。这一地理位置使保定苹果在气候、土壤和水分等方面具有得天独厚的优势。太行山的自然屏障作用，为保定苹果提供了良好的小气候环境，有利于苹果的生长和发育。二是土壤条件优良。保定地区的土壤多为沙壤土和壤土，这种土壤结构透气性好、排水性强，有利于苹果根系的发育和养分的吸收。土壤中富含多种矿物质和微量元素，为苹果的生长提供了丰富的营养基础。三是水资源丰富。保定水系发达，河流纵横，地下水资源充沛，为苹果生长提供了源源不断的水分补给，同时通过灌溉调节土壤湿度，优化果园生态环境。

（2）产地生态环境优势

一是气候适宜。保定地区属于温带大陆性季风气候，四季分明，雨热同期。春季温暖多风，有利于苹果的萌芽和开花；夏季高温多雨，为苹果的快速生长提供了良好的条件；秋季凉爽干燥，有利于苹果的着色和糖分的积累；冬季寒冷干燥，有利于苹果的休眠和病虫害的防治。二是光照充足。保定地区光照资源丰富，年日照时数长，光照强度大。有利于苹果叶片的光合作用，提高了果实的糖度和品质。三是生态环境良好。保定苹果产区生态环境良好，空气清新，水质优良，无污染源。四是科技支撑。保定苹果产区依托河北农业大学的技术支持，不断引进和推广先进的栽培技术和管理模式。通过土壤改良、零农残、病虫害绿色防控等技术的应用，提高了苹果的产量和品质，增强了保定苹果的市场竞争力。

（3）品质优势

一是种质资源。作为全国最早引种并繁育红富士苹果的四大城市之一，保定依托河北农业大学的科研优势，不断引进和推广优良品种，"三优富士"矮砧密植栽培模式成果斐然。经过多年选育和繁育，保定苹果形成独特遗传优势，风味、口感、营养价值俱佳。二是特有品质出众。保定苹果采用SH优系矮化砧木种植，果实酸度和香气组分增加，形成了酸甜适口和香气浓郁的独特风味。保定苹果富含多种维生素和矿物质，如维生素C、维生素E、钾、铁等，对人体健康有很好的保健作用。三是生产过程精细化管理。从建园、整形修剪、水肥管理到花果管理、病虫害防治等各个环节都严格按照标准执行，以确保苹果的品质和产量。生产过程中积极推广绿色生产技术，减少化学农药和化肥的使用量，采用生物防治和物理防治等方法控制病虫害，保证了苹果的安全性和环保性。四是生产技术标准化生产。保定苹果生产遵循《保定苹果生产技术规程》等地方标准，对建园、整形修剪、水肥管理、花果管理、果实采收和病虫害防治等各个环节都制定了详细的技术规范。五是技术创新。保定苹果生产过程中不断引进和应用新技术、新成果,如矮砧密植栽培模式、水肥一体化技术、病虫害绿色防控技术等,提高了生产效率和品质水平。六是标准流程与工艺流程。保定苹果生产从种植到采收都遵循一套严格的标准流程,包括品种选择、苗木培育、果园建设、田间管理、病虫害防治、果实采收和分级包装等环节。确保保定苹果生产的规范性和一致性。在果实采收后,保定苹果还经过严格的分级包装和质量控制流程,确保每一颗苹果都符合标准并达到最佳的品质状态。七是生产规模化种植。保定苹果生产已经形成了规模化种植的局面,这种规模化种植不仅提高了生产效率和产量水平,还有利于品牌建设和市场推广。八是质量控制严格检测。保定苹果在生产过程中和采收后都经过严格的质量检测和控制措施,确保产品的品质和安全性符合相关标准和要求。九是品牌保护。高度重视"保定苹果"区域公用品牌价值与声誉,通过加强品牌宣传与市场监管等措施,有效维护品牌形象与市场地位。

（4）产量与规模优势

保定苹果品牌的规模不断扩大,初具规模。一是种植面积。全市苹果种植面积近18.6万亩,与过去几年相比有所增长,显示出保定苹果产业规模的持续扩大。二是年产量。年产量达到19.5万吨左右,丰富的产量为品牌提供了坚实的物质基础。三是总产值。总产值达到9亿元左右,彰显出强大的经济效益增长潜力。

3. "保定苹果"品牌标志释义

（1）品牌标志

品牌标志见图10-1。

图 10-1　保定苹果标志

（2）"保定苹果"传播口号

"保定苹果,为梦加油!"传递出保定苹果助力梦想的美好愿景,激发消费者情感共鸣。

（3）价值支撑

保定品牌价值图示见图10-2。

图10-2 保定苹果价值支撑

生于太行，凝结自然爱意。生长于北纬38°优质苹果产区，经历太行山风霜洗礼，汲取天地精华，1%土壤有机质，成就品质生态好果，每一个都寄托着山区果农勤劳致富的梦想。

兴于科技，成就安全优果。保定苹果，采用世界先进栽培模式，选用"三优富士"品种及"SH矮化砧木"，推行全球十项最严苛的农残检测，全面禁止有机磷农药，以科技为现代果业梦想夯实基础。

富于营养，奉献甜蜜好果。保定苹果，来自大山的馈赠，富含维生素、有机酸、果胶等营养元素，平均甜度高达16°。保定苹果，甜入心脾，润入肺腑，以美味顶礼新时代，为筑梦人补充能量。

基于情怀，温暖追梦征程。保定苹果，经由山区果农虔心呵护，严苛分选，承载果农满满心意。保定苹果，用情怀感动每个逐梦人，以匠心向远行者致敬，为无数人的梦想喝彩。

（4）卡通形象

保定苹果卡通形象见图10-3。

图10-3 保定苹果卡通形象

三、保定苹果品牌"多方联动"发展模式

保定苹果品牌的运行采用"政府引导、企业主体、市场运作、社会参与"的"多方联动"发展模式,并建立了独特的运营、商业、管理和品牌营销模式。

政府引导:保定市林果技术推广站作为"保定苹果"注册和管理机构,负责品牌的日常管理和维护工作。保定市政府通过制定相关政策和规划,引导和支持苹果产业的发展。政府不仅提供政策扶持,还积极搭建平台,促进产学研合作,推动苹果产业的技术创新和品牌建设。

企业主体:企业是保定苹果品牌运营的主体。企业负责品牌的日常管理和市场推广,通过提升产品质量、统一包装、加强营销宣传等手段,不断提升品牌的知名度和美誉度。

市场运作:保定苹果品牌遵循市场规律,通过供求关系和价格机制调节资源的配置。企业根据市场需求调整生产计划和产品结构,提高市场竞争力。

社会参与:社会各界积极参与保定苹果品牌的建设和推广。科研机构、行业协会、媒体等各方力量共同发力,为保定苹果品牌的发展提供有力支持。

1. 运营模式

全链整合。注重全产业链的整合与协同发展。通过成立保定苹果产业联盟,成员覆盖苹果全产业链条,包括种植、加工、销售等各个环节,实现资源共享和紧密合作。同时,依托科技支撑,引入先进的苹果栽培管理技术和"三优"栽植模式,提升果品品质和生产效率。

2. 商业模式

保定苹果商业模式围绕品牌化、产业化、市场化"三化一体"展开。通过打造区域公用品牌,提升产品附加值和市场竞争力;通过产业化经营,实现规模化种植和标准化生产,积极探索智慧农业在企业的应用;通过市场化运作,拓展销售渠道和市场份额,通过电商交易以适应消费升级和市场需求的变化。

3. 管理模式

创新赋能。注重科学管理和创新驱动。成立专门的领导小组和品牌建设机构，负责品牌战略的规划和实施。一方面，建立健全品牌管理机制、品牌发展机制和企业产品品牌培育机制，构建起集产品战略、产业战略和区域经济战略"三位一体"的品牌建设体系。另一方面，加强与科研院校的合作，引入先进技术和管理经验，提升果农的素质和技能水平。

4. 品牌营销模式

多元传播。保定苹果的品牌营销模式注重多渠道、多形式的品牌推广。通过统一品牌形象与标识系统，融入丰富文化内涵，塑造独特品牌形象。借助广告、公关、社交媒体等多元化传播手段，提升品牌知名度与美誉度。保持传统销售渠道优势，积极开拓电商平台、社交媒体等线上渠道，实现线上线下优势互补，销售渠道多元化。依据不同消费群体与市场需求，运用大数据分析与市场调研，制订精准营销策略与个性化服务方案，提供契合市场需求的产品与服务，实现精准营销与个性化服务。

四、保定苹果品牌七大亮点

1. 政府引导与政策支持

保定市政府成立了"保定苹果"区域公用品牌建设领导小组，负责统筹协调品牌建设的相关工作，确保品牌战略的顺利实施。通过设立专项资金，对苹果产业的发展给予资金支持，包括种植基地建设、技术创新、品牌建设等多个方面。制定补贴政策，针对果农和苹果加工企业，制定了一系列补贴政策，如种植补贴、农机具购置补贴、加工设备补贴等，降低了果农和企业的生产成本，提高了生产积极性。出台系列支持政策，如《关于支持林业改革发展的若干意见》《关于加快推进果品产业发展的意见》以及《"十三五"期间保定市果品基地建设实施方案》等，为保定苹果的发展提供了坚实的政策保障。

2. 企业运作与产业联盟

推动成立保定苹果产业联盟，成员覆盖全产业链，实现资源共享与协同发展。鼓励企业市场化运作，通过品牌建设与市场营销提升产品附加值与竞争力，加强企业间合作交流，共同推动产业发展。培育出顺安绿生农业科技开发有限公司、阜平浩森农业种植公司、河北冠阳农业科技开发有限公司等一批行业领军企业，它们在产品质量、品牌建设与市场拓展方面表现卓越，引领产业发展潮流。

3. 政企研学深度融合

当地政府、企业积极与高校及科研机构合作，如与河北农业大学共建太行山农业创新驿站，引进"三优"栽植模式等先进技术，提升果品品质，打造酸甜适口、香气浓郁的独特风味苹果，深受消费者喜爱。依托科研院校技术优势，推广矮化砧木种植技术，在品种选育、病虫害防治、土壤改良等方面取得显著成果，为产业发展提供强大科技支撑。

4. 制定品牌战略规划

制定《保定苹果区域公用品牌发展战略规划》，清晰定位品牌为高品质、绿色生态、科技支撑的特色农产品，明确发展目标与建设路径，为品牌发展绘制蓝图。通过举办发布会、参加博览会及互联网新媒体平台传播，提升品牌知名度与美誉度，挖掘传播品牌故事与文化，增强消费者认同感与归属感。

5. 品牌建设与市场推广

举办"保定苹果"区域公用品牌战略发布会，推出全新品牌形象与价值，提升知名度与美誉度。利用互联网技术加强宣传推广，使其成为保定区域公用品牌形象代言。委托专业机构构建品牌管理机制，形成"三位一体"品牌建设体系，为品牌化发展提供系统规划。

6. 产业链整合与业态创新

成立保定苹果产业联盟，成员覆盖苹果全产业链条，实现了从种植、加工到销售等各个环节的紧密合作和资源共享。在栽培基础上，保定市不断发展休闲农业、乡村旅游、精深加工、智慧农业、期货交易、电商交易等新业态，延长了产业链条，提升了产品附加值。

7. 文化挖掘与品牌故事

深入挖掘保定苹果产业背后的历史文化、农耕文化与民风民俗，为品牌注入深厚文化内涵与情感价值。讲述品牌故事与产品传说，文化传承，引发消费者情感共鸣，增强认同感与归属感，提升品牌吸引力与影响力。

五、保定苹果品牌保护措施

制定统一的品牌标识系统，包括品牌名称、LOGO、包装设计等，确保在市场上流通的所有保定苹果产品都具备统一的品牌形象，增强消费者对品牌的识别和记忆，并通过一系列品牌保护措施，维护"保定苹果"品牌形象。

1. 建立品牌授权制度

建立严格的品牌授权使用制度，明确品牌使用的条件和范围。只有符合标准的企业和产品才能获得品牌使用授权，并签订授权协议，确保品牌使用的合法性和规范性。符合品牌使用标准的企业和农户可以通过申请获得品牌使用权。经河北农业大学苹果体系相关专家审核筛选及苹果检测后，特授予顺安绿生农业科技开发有限公司、河北绿阳农业科技有限公司、河北丹凤山农业开发有限公司三家企业准许使用"保定苹果"区域公用品牌，并颁发品牌授权书。使用主体在生产经营中规范使用"保定苹果"品牌标识，共同维护品牌形象和声誉。

2. 实行标准化包装

标准化包装有助于提升产品的整体形象，增强消费者的购买欲望。通过制定保定苹果产品的标准化包装规范，包括包装材料、尺寸、图案、文字内容等，确保包装既美观又实用，同时符合环保要求。在包装上加入防伪标识或二维码等技术手段，消费者可以通过扫描二维码或查询防伪码来验证产品的真伪，有效防止假冒伪劣产品的出现，保护品牌声誉。

3. 完善质量检测体系

制定保定苹果的生产标准和技术规程，对种植、管理、采摘、加工等各个环节进行标准化管理，确保产品质量符合国家标准和消费者需求。建立完善的质量检测体系，对保定苹果产品进行定期抽检和全面检测，确保产品质量稳定可靠。对于不符合标准的产品，坚决不予上市销售，维护品牌形象和消费者权益。

4. 加强市场监管力度

政府部门加强对保定苹果市场的监管力度，打击假冒伪劣产品和不正当竞争行为,维护市场秩序和公平竞争环境。建立投诉举报机制:建立便捷的投诉举报机制,鼓励消费者和社会各界对保定苹果品牌保护工作进行监督和反馈。对于收到的投诉和举报,及时调查处理并公布结果,增强消费者对品牌的信任度和满意度。

六、保定苹果品牌建设效果

1. 溢价能力增强,品牌价值提升

通过多种渠道的宣传推广,保定苹果在省内乃至全国市场的知名度不断提高。品牌形象逐渐深入人心。保定苹果通过品牌化运作,延长了苹果产业链条,提高了产品的附加值和市场认知度,使消费者在购买时更倾向于选择具有品牌保障的产品,从而实现了品牌溢价。

2. 市场影响扩大,品牌美誉传颂

保定苹果区域公用品牌的影响力日益扩大。一是市场认可度提高。通过一系列的品牌宣传和推广活动,保定苹果在市场上获得了广泛的认可和好评,其品牌形象深入人心。二是品牌知名度提升。保定苹果品牌不仅在当地市场具有较高的知名度,还在全国范围内乃至国际市场上逐渐建立起良好的品牌形象。三是品牌美誉度增强。消费者对保定苹果的品质和口感给予高度评价,进一步增强了品牌的美誉度和忠诚度。

3. 农户增加收入,品牌效益显现

保定苹果区域公用品牌的建设对农户增收起到了积极的推动作用。一是提高产品附加值。品牌化运作使保定苹果的产品附加值显著提升,农户在销售过程中能够获得更高的收益。二是拓宽销售渠道。品牌影响力的扩大为保定苹果拓宽了销售渠道,农户可以通过更多的渠道将产品销往全国各地甚至国际市场,获取更多收益。三是增强市场竞争力。品牌化运作使得保定苹果在市场竞争中占据有利地位,农户在销售过程中具有更强的议价能力和市场竞争力,提高苹果售价。

4. 产业实力增强,品牌活力提升

保定苹果产业的发展带动了种植、加工、销售、物流等相关产业的协同发展,促进了农村经济增长和农民增收致富。同时,吸引了更多的资金、技术和人才投入到苹果产业。一是推动产业升级。品牌化运作促使保定苹果产业向更高层次、更高水平发展，推动了产业的升级和转型。二是增强产业凝聚力。区域公用品牌的建立增强了产业内部的凝聚力和向心力，促进了产业内部的协作和资源共享。三是提升产业影响力。保定苹果品牌的成功建设不仅提升了自身产业的影响力，还带动了相关产业的发展和进步，苹果产业发展也为品牌提升注入了新的活力。

第十一章　秦皇岛昌黎优礼"龙头+集群协同"发展模式

昌黎位于秦皇岛南部，北纬39°，拥有宜人的气候、丰富的自然资源以及迷人的海岸线，与法国波尔多相似的气候和土壤条件，适宜种植酿酒葡萄等优质农作物，同时其海洋资源丰富，海鲜产品品质上乘。得天独厚的自然环境为农业蓬勃发展奠定了坚实基础。其深厚的帝王文化、韩愈文化、宗教文化为农产品注入独特的文化魅力。昌黎特色产业众多，素有"花果之乡""干红之乡""鱼米之乡""蔬菜之乡""旅游之乡""弯针之乡""养貂之乡"等美称。昌黎优礼品牌由昌黎县人民政府注册，使用主体由昌黎县农业农村局及相关产业协会负责，获得省农业产品区域公用品牌，并形成"龙头+集群协同"发展模式。

一、昌黎优礼子品牌简介

昌黎优礼区域公用品牌建设遵循调研先行、尊重市场、文化赋能、整合为王的原则，经过产业调研和品类集合，涵盖了多个特色产业，将昌黎扇贝、昌黎大米、昌黎葡萄酒、昌黎皮毛和昌黎粉条五大特色产业聚合成昌黎优礼这一品牌，其中昌黎扇贝被农业农村部认定为农产品地理标志产品，昌黎葡萄酒获得国家质检总局批准实施的原产地域产品保护。

1. 昌黎扇贝

海味珍品，畅销中外。昌黎扇贝养殖量、加工量居全国县域第一。昌黎县的扇贝养殖是当地的重要特色产业，养殖面积达到了16万亩，为当地的海洋养殖业发展注入了强大的动力。昌黎县禄权水产有限责任公司是昌黎县扇贝行业的代表企业之一，专注于贝类产品的研发、加工和销售。

其主要产品包括扇贝系列、虾夷贝系列等，产品销往美国、日本、澳大利亚等多个国家和地区，并在国内市场也获得了良好的口碑。该企业已通过ISO22000、BRC、HACCP等认证，显示出其产品质量和管理水平的高标准。

2. 昌黎大米

盐碱地孕育的优质米粮。昌黎大米通过园区建设将水稻种植、稻米加工、销售、农业旅游作为主导产业，形成了较为完善的产业链条。昌黎县的水稻种植面积不断扩大，年产量稳步增长，形成了较为完善的稻米产业链条。昌黎县积极推进稻米现代农业园区化发展，通过园区建设推动稻米产业的转型升级。以刘台庄镇高坨稻米现代农业园区为例，该园区以水稻种植、稻米加工、销售、农业旅游为主导产业，形成了较为完善的产业链条。昌黎县锦坤米业有限责任公司作为该领域的企业之一，仍具有一定的规模和影响力。该公司主要从事大米的加工和销售，为当地农业发展作出了一定贡献。

3. 昌黎葡萄酒

岁月沉淀的醇厚佳酿。昌黎葡萄酒有着500多年的葡萄种植历史，是中国干红葡萄酒的发源地。金士国际葡萄酒庄作为昌黎县的葡萄酒龙头企业之一，金士国际葡萄酒庄在酿酒技术和产品质量上均处于行业前列。该酒庄注重从源头上加强管理，以工匠精神打造特色美酒，并获得了市场的广泛认可。朗格斯酒庄同样是昌黎县的葡萄酒龙头企业，朗格斯酒庄秉承"七分种，三分酿"的理念，在种植和酿造上均采用标准化模式，确保葡萄酒的品质和口感。近年来，该酒庄还进行了设备升级和技术改造，进一步提升了产品质量。

4. 昌黎皮毛

产业集群，致富引擎。昌黎县的皮毛动物养殖量已突破1 400万只，年创产值40亿元，带动了至少10万名农民发家致富。昌黎县建成了2个功能较为完善的皮毛交易市场，年成交活体50万只，生熟皮1 500万张，年交易额达80亿元，已成为全国最大的生皮交易市场和华北最大的毛皮集散地。昌黎皮毛产业形成了集养殖、贸易、加工、服务为一体的产业集群。佳朋集团作为昌黎县皮毛产业的龙头企业，注重产业融合发展，延长产业链条,积极打造特色农业+制造业+旅游业的三产融合模式。该集团在皮毛养殖、加工、销售等方面均有着丰富的经验和资源,为当地经济发展注入了活力。

5. 昌黎粉条

传统工艺,品质优良。昌黎粉条则依靠当地生产的优质甘薯。昌黎县日照充足、四季分明,秋季延续时间长,为甘薯的生长提供了良好的环境。昌黎县的土壤以沙质壤土为主,且富含有机质和矿物质元素,从而提高了红薯的产量和品质。昌黎粉条加工年产30万吨,年出口1.5万吨,国内市场占有率达60%以上。昌黎县鑫绿源食品有限公司是粉条行业的代表性企业。该公司以红薯淀粉、木薯淀粉为原料生产粉丝等绿色食品。其产品销往国内外多个省市和地区,并因其高品质和多样化而受到市场的青睐。公司厂房占地广阔,员工众多,年产值过亿元,是当地粉丝行业的领军企业之一。

二、昌黎优礼的品牌特色

1. 品牌独特性及优势

(1) 独特的区位优势

山海共养的昌黎东临渤海,北依燕山,西南挟滦河,县境内土壤呈多样性,气候属东部季风区、暖温带、半湿润大陆性气候,日照充足、四季分明。适宜的气候和土壤条件对昌黎农产品的种质资源有着重要影响。

(2) 产品特色突出

昌黎优礼品牌涵盖了多个特色产业,包括扇贝、葡萄酒、大米、皮毛和粉条等。昌黎扇贝以其肉质细嫩、营养丰富而著称,锌和蛋白质含量高于其他地区同类产品。昌黎葡萄酒得益于与法国波尔多同处的北纬39°酿酒葡萄黄金种植带,具有独特的风味和品质。昌黎特殊的盐碱地,特别的碱性水,种出颗粒饱满、质地坚硬、口感丰满的弱碱性大米。昌黎的传统漏瓢式粉条加工工艺被评为秦皇岛市非物质文化遗产,体现了其工艺流程的传统性和独特性。昌黎的扇贝养殖和加工量居全国县域第一,粉条年产30万吨,年出口1.5万吨。

(3) 绿色生产模式

昌黎的农产品生产过程注重绿色化、优质化、特色化、品牌化、标准化发展，确保了产品的高品质。昌黎县农产品质量安全监督检验中心取得"双认证"，显示了其生产技术符合高标准要求。昌黎在农业标准化示范区创建方面深入开展工作，持续加强生产过程管理，确保了生产流程的标准化。

(4) 文化底蕴深厚

昌黎历史悠久，文化底蕴深厚。这里是中国古代文学巨匠韩愈的祖籍地，韩愈文化在这里传承千年，为昌黎增添了浓厚的文化氛围。同时，昌黎的葡萄酒文化、海洋文化、民俗文化等相互交融，形成了独特的地域文化特色。这些文化元素融入到昌黎优礼品牌中，赋予了品牌深厚的文化内涵，使其在市场竞争中更具独特性和吸引力。

(5) 产业集群优势

经过多年的发展，昌黎形成了完整的葡萄酒产业链和较为成熟的农业产业体系。从葡萄种植、葡萄酒酿造、包装印刷到物流运输、销售服务等环节，产业上下游企业紧密协作，产业集群效应显著。这种产业集群优势不仅提高了生产效率，降低了生产成本，还促进了技术创新和产品质量提升，为昌黎优礼品牌的发展提供了坚实的产业基础。

2. 品牌标识释义

"昌黎优礼"即昌黎对于全世界的优待礼遇，把自己区域内的特色优质分享给大众，展示昌黎的地理区域特色，打造独特的区域公用品牌。昌黎优礼品牌在包装设计上以插画的形式融入昌黎的地域特色和文化元素，如貉子、碣石山、观沧海、漏粉条、摘葡萄等，以增强产品的文化价值和市场识别度。昌黎优礼LOGO图形以昌黎的"昌"字为主元素融合了昌黎的独特山海地域文化形成了独特视觉记忆点。"昌"字也寓意昌黎的农业品牌兴旺、繁荣，是对产业未来美好的期望。图形设计为简洁抽象的几何设计风格，LOGO图形色彩的绿色与蓝色代表生态绿色的优质自然条件（图11-1）。

昌黎优礼品牌的广告语是"味出山海，礼在昌黎"。整句宣传语取自昌黎著名的历史典故"东临碣石，以观沧海"，突出昌黎的区域品牌特色，

图 11-1　昌黎优礼标志

让消费者在看到宣传语的时候，第一时间就能联想到昌黎厚重的历史文化以及区域内山海共存的恢宏之气。"味出山海"，寓意昌黎境内山海共育的农业生态环境，突出区域内农产品优质、自然、美味的特点。"礼在昌黎"，"礼"有礼物、礼遇的意思，与"味"相对，寓意昌黎不仅有美味还有其他的特色产品，无论是享誉世界的皮毛产业还是富有特色的传统文化，都是昌黎之美的重要组成部分。

三、昌黎优礼品牌运营模式

1. 政府主导

引领规划，政策扶持。昌黎县政府高度重视"昌黎优礼"区域公用品牌建设，成立了专门的品牌建设领导小组，负责统筹规划、协调指导品牌发展工作。政府制定了一系列扶持政策，包括财政补贴、税收优惠、项目扶持等，鼓励企业积极参与品牌建设，加大对农业产业的投入，提升产品质量和品牌竞争力。例如，对新获得绿色食品、有机食品认证的企业给予资金奖励，对建设标准化生产基地的企业提供政策支持和技术指导。

2. 龙头带动

示范引领，协同发展。昌黎县积极培育和扶持一批在农产品生产、加工、销售等领域具有较强实力和影响力的龙头企业。这些龙头企业在品牌建设、技术创新、市场拓展等方面发挥着引领示范作用，带动了整个产业链的发展。以龙头企业为核心，加强上下游企业之间的合作与协同，形成产业联盟。例如，葡萄酒生产企业与葡萄种植户签订长期合作协议，建立稳定的原料供应关系；农产品加工企业与物流企业合作，确保产品及时、高效地送达市场。通过产业协同发展，实现资源共享、优势互补，提高了整个产业的综合竞争力。

3. 质量标准

严格制定，全程把控。积极推动技术创新，提高农产品附加值，同时制定严格的"昌黎优礼"产品质量标准，涵盖原材料采购、生产加工、包装储存、销售服务等全流程。明确品质指标、安全标准、生产工艺规范，确保产品符合高品质要求，如详细规定葡萄酒酿造工艺、葡萄原料质量标准、农产品农药残留限量等。

4. 渠道环节

大力宣传，广泛传播。积极拓展国内外市场，与电商平台、大型超市合作，搭建稳定销售渠道和营销网络。通过举办展销会、博览会、推介会等活动，为品牌提供展示交易平台，扩大市场影响力和知名度。同时，充分利用电视、广播、网络等媒体资源，全方位宣传推广"昌黎优礼"品牌。

5. 品牌保护

重视保护，维护声誉。通过注册地理标志等方式，保护品牌知识产权和地域特色，防止假冒伪劣产品出现，维护品牌声誉形象。建立完善质量监控体系和产品追溯系统，让消费者了解产品生产过程和来源，增强信任感。制订危机应对预案，加强公关工作，及时与媒体和消费者沟通，有效应对品牌危机。

四、昌黎优礼的品牌保护措施

1. 实行品牌使用授权，鼓励企业参与共建

政府严格管理"昌黎优礼"品牌的使用权，通过制定明确的品牌使用规则，对符合标准的企业或产品进行严格的品牌授权流程。这一过程确保了品牌的合法性和权威性，防止了品牌滥用和侵权行为的发生。昌黎县政府通过财政拨款、专项基金等方式，为"昌黎优礼"等区域公用品牌提供资金支持，用于品牌推广、市场营销、产品研发等方面。昌黎县政府及昌

黎县农业农村局积极引导当地企业参与"昌黎优礼"品牌的建设和推广，鼓励企业使用品牌标识、遵循品牌标准、提升产品质量和服务水平，共同提升"昌黎优礼"的品牌价值。

2. 设计统一包装提升品牌形象和辨识度

为提升品牌形象和辨识度，政府组织专业设计团队为"昌黎优礼"五大产业的产品设计了统一的包装形象。这些设计不仅体现了昌黎的地域特色和文化底蕴，还注重环保和可持续性，以满足现代消费者对绿色包装的需求。此外，政府还规定了包装材料的选择标准，要求企业使用环保、安全的包装材料，以确保产品包装符合相关法规和标准。

3. 严控标准，保证品牌质量稳定

昌黎县政府组织相关部门和专家制定了"昌黎优礼"品牌的产品标准和生产规范。这些标准涵盖了产品的原料采购、生产加工、质量控制等各个环节，确保了产品质量的稳定性和一致性。同时，政府还加强了对企业和农户的培训和指导，帮助他们掌握标准化生产的技能和方法。在标准执行方面，政府通过定期检查和抽查等方式，对企业和农户的生产过程进行监管，确保他们严格按照标准和规范进行生产和加工。

4. 完善的监管体系

为了维护"昌黎优礼"品牌的市场秩序和消费者权益，政府建立了完善的监管体系。这一体系包括设立专门的监管机构、制定监管制度、建立监管档案等多个方面。监管机构负责对品牌的使用情况进行监督和管理，确保品牌使用的合法性和规范性。同时，政府还加大了执法力度，对违反品牌使用规则、产品质量标准等行为的企业或个人进行严厉查处，以维护品牌的声誉和市场秩序。与此同时，政府积极推动行业自律机制的建设，鼓励行业协会等组织发挥积极作用，加强行业内部监督和约束。通过行业自律，企业能够自觉遵守品牌使用规则和产品标准，共同维护"昌黎优礼"品牌的良好形象。

五、昌黎优礼品牌建设效果

1. 实现了品牌溢价

"昌黎优礼"通过品牌建设和市场推广，成功提升了产品的附加值和溢价能力。政府和企业共同投入资源，加强品牌宣传和推广，使消费者对该品牌产生了高度的认知和信任。这种信任和认可转化为实际购买行为时，消费者愿意为"昌黎优礼"品牌下的产品支付更高的价格，从而实现了品牌溢价。品牌溢价不仅增加了企业的利润空间，也为产品的持续改进和创新提供了资金支持。

2. 品牌影响力扩大

"昌黎优礼"品牌影响力不断扩大，成为秦皇岛市乃至河北省农业品牌的代表之一。政府通过举办各类节庆活动、推介会、展会等形式，积极推广"昌黎优礼"品牌，提高了品牌的知名度和美誉度。同时，品牌还借助媒体和网络的力量进行广泛传播，吸引了更多消费者的关注和购买。品牌影响力的提升不仅促进了产品的销售，还带动了相关产业的发展和升级。

3. 推动了农户增收

"昌黎优礼"品牌的建设对农户增收起到了积极的推动作用。一方面，品牌溢价使得农户在销售产品时能够获得更高的收益；另一方面，品牌影响力的提升也吸引了更多消费者前来购买，从而增加了产品的销售量和市场份额。此外，政府还通过政策扶持和技术指导等方式，帮助农户提高生产技能和管理水平，进一步增加了农户的收入来源，从事昌黎优礼五大产业的农户人均可支配收入得到了显著提升。

4. 产业竞争力提升

"昌黎优礼"品牌的建设极大地提升了昌黎县农业产业的竞争力。首先，品牌的建设促进了产业的标准化和规范化发展，提高了产品的质量和安全性；其次，品牌影响力的提升吸引了更多消费者的关注和购买，从而扩大了市场规模和销售渠道；最后，品牌溢价和农户增收的实现为产业的持续发展和创新提供了资金支持。这些因素的共同作用使得昌黎县农业产业在市场竞争中占据了有利地位，提高了产业的竞争力和可持续发展能力。

第十二章　保定博水之野"政府统筹"发展模式

博野县隶属于河北省保定市，地处河北中部，保定市南部东，黑龙港流域北端。2021年"博水之野"在保定市首届农业品牌推介活动中被评为"保定市名优品牌"，2022年被评为河北省级区域公用品牌。"博水之野"品牌名称来源于博野县名称的历史记载，博野地域土地肥沃，种植农产品历史悠久，因位于博水流域而得名，而农产品的生长离不开肥沃的土地和优质的水源，因此命名为"博水之野"。"博水之野"品牌产品主要涵盖番茄、黄瓜、尖椒、绿甘蓝、桑葚、博野红香酥梨等，围绕企业主体形成了"政府统筹"的发展模式。

一、博水之野子品牌简介

"博水之野"区域公用品牌的注册单位为博野县消费扶贫协会，成员单位30余家，其中，省级从业龙头企业数量1家、市级从业龙头企业数量1家、国家从业合作社2家、省级从业合作社2家、市级从业合作社4家，几乎覆盖博野县农产品种植加工企业，产地区域覆盖面积达2万亩。"博水之野"农产品区域公用品牌主要涵盖6个企业品牌（表12-1），这些企业为多次获得国家农产品交易会的优秀参展企业，其中，奇彩树家庭农场被评为中国著名品牌、全国5A级著名农场，兴润家庭农场被评为保定市十佳农场，其生产的桑葚和金杰蔬菜种植农民专业合作社的番茄、尖椒、绿甘蓝产品都获得绿色食品证书。

表 12-1 "博水之野"企业主体及子品牌标识

企业主体	企业标识	企业主体	企业标识
博野县兴润家庭农场	薯我傻玛莎莉	博野县大营果品蔬菜专业合作社	营春 YING CHUN
博野县金杰蔬菜种植农民专业合作社	共鑫 GONGXIN	河北博通饼业食品有限公司	博通
博野县奇彩树家庭农场	奇彩树	博野县永昌果品蔬菜专业合作社	升大福

1. 薯我傻玛沙莉——兴润家庭农场

博野县兴润家庭农场企业标识为薯我傻玛沙莉，主要以绿色果蔬采摘及中药材为主，重点发展生产、种植桑葚树、苹果树及采摘，甘薯种植，开展测土配方施肥，实现了果蔬生产"五统一"管理，即统一产品标准、统一生产技术、统一土壤检测、统一管理措施、统一销售，生产的果品供游客采摘。带动周边种植面积 500 亩，带动农民 100 余户。

2. 共鑫——金杰蔬菜种植农民专业合作社

博野县金杰蔬菜种植农民专业合作社企业标识为共鑫，蔬菜基地位于南陶墟村东南，基地环境较好，适宜绿色蔬菜的种植。基地周边植被良好，周围 5 千米范围内无工矿企业等污染源，10 千米内无垃圾填埋场，近几年没有使用过高毒、剧毒农药，肥料以有机肥为主。基地土壤肥沃，有机质含量较高，经监测，土壤中重金属等有害物质的含量符合绿色食品产地环境技术条件要求。基地灌溉水源主要为地下水，水源充足、洁净、无污染，水中 pH 值、重金属、氟化物等含量符合绿色食品灌溉水要求。金杰蔬菜种植服务农民合作社带动周边农户种植面积近千亩，带动农民近

100 余户。

3. 奇彩树——奇彩树家庭农场

博野县奇彩树家庭农场企业标识为奇彩树，家庭农场建于 2017 年，流转土地 1 000 亩，投资 2 000 万元。致力于有机循环农业开发，专注于让健康有机食品步入平常家庭的餐桌！为把控猪肉品质，从猪的繁殖期开始，奇彩树农场就着手把关喂养质量，黑猪从出生就没有打过防疫针，完全采用散养的方式，每日散步、追逐在树林田野里，保障了肉质的结实与韧性。饮食一年四季都是农场自我供应，夏天主要以有机牧草和蔬菜为主，冬天以胡萝卜、大白菜和玉米面为主，所有食物都没有打过一滴农药，没有任何人工添加剂和激素。市面上的普通猪 6 个月出栏，大部分的黑猪 10~12 个月出栏，而奇彩树有机黑猪出栏时间则在 22 个月以上，足够的生长周期才能保证独特的美味，所以这也是为什么这么多朋友慕名而来，提前预定的一个重要原因。

4. 营春——大营果品蔬菜专业合作社

博野县大营果品蔬菜专业合作社企业标识为营春，成立于 2009 年 2 月，共有入股社员 539 户，投资 160 万元，注册了"营春"牌商标。果品蔬菜生产基地位于博野县城南 2.5 千米，蔬菜种植面积 2 000 亩左右，番茄、胡萝卜、韭菜、甜瓜、西瓜等产品，年产量 6 万吨，产品主要销往北京、石家庄、雄安新区、保定周边、张家口、内蒙古等地，2010 年取得无公害产品认证，同年被农业部确定为国家蔬菜标准园基地，被河北省委农村工作部确定为省级示范社，2012 年被农业部确定为全国农民专业合作社示范社。

5. 博通——河北博通饼业食品有限公司

河北博通饼业食品有限公司企业标识为博通，公司位于博野县小店镇北祝村，该公司起步于 1987 年，主要生产韧性饼、苏打饼、夹心饼和酥性曲奇饼等系列饼干产品，是省级农业产业化经营龙头企业，华北地区产销规模最大的饼干生产企业。销售到北京、上海、天津、哈尔滨、长沙、成都等 30 多个大中城市，公司现拥有 3 条生产线，年生产能力达 2 万吨。在博野县委、县政府及有关部门的大力支持下，2003 年 12 月该公司通过国家首批食品生产，2004 年 9 月通过了 ISO9001 国际质量体系认证，2004

年 10 月"博通"商标被评为河北省著名商标，2007 年被授予河北名牌。

6. 升太源——永昌果品蔬菜专业合作社

博野县永昌果品蔬菜专业合作社企业标识为升太源，国家级示范社，位于博野县城西北生态园区，土质沙壤，经开发面积近千亩，为研发生态农业。该社利用沼渣、沼液等有机肥，统一种植、统一管理，现已达到年产 200 万千克的优质果品基地，所产爱宕梨皮黄褐色、果肉白色、肉质细脆、口感极甜，经专家认证，为生态型无公害产品。

二、博水之野品牌的特色

1. 品牌的独特性及优势

（1）独特的自然条件与生态环境

博野虽属农业小县，但拥有富饶的土地，自然条件优越，为农作物生长提供了良好基础。其远离城区、工矿区等污染源的基地选址，使空气、水源、土壤等自然环境保持良好状态，如博野的有机三大农场，严格的选址和环境检测程序，保障了农产品的有机品质，利于发展高品质、绿色有机的农产品。土壤为半沙性土壤，水质良好，整个生长周期无污染，不用激素，蜜蜂授粉，自然成熟，所以口感品质都非常好。境内河流均属海河流域大清河南支水系，行洪河道潴龙河。另有孝义河、月明河、小白河三条排水河道，均系季节性河流，水源丰富，种植历史悠久，农产品具有独特的口感，备受好评。

（2）深厚的传统技艺与农耕文化

博野有着悠久的农耕文化历史，在长期的农业生产实践中，积累了丰富的种植养殖经验和传统技艺，这些不仅是当地农业发展的宝贵财富，也为其农产品品牌注入了独特的文化内涵，使博野农产品更具地域特色和文化魅力。博野在东汉时名博陵、博野，魏晋名博陆，北魏时又改名博野县，博野县因居博水（古河已湮）之野，故名"博野"。

（3）严格的质量管控与标准化生产

当地企业和农户注重农产品质量，在种植养殖过程中遵循严格的标准和规范。例如，博野有机农业在生产中不使用化学合成的农药、化肥等物质，采用物理防治、生物防治等手段防治病虫害，确保农产品的绿色、有机品质，同时严格的质量检测和认证程序，进一步保证了产品质量的稳定性和可靠性。当前，授权使用"博水之野"集体商标的产品新鲜甘薯、新鲜番茄、新鲜辣椒、新鲜茄子、新鲜甘蓝、新鲜韭菜、新鲜甜瓜、新鲜西瓜已有明确生产标准。

（4）丰富的农产品种类与优良的品种

博野的农产品种类丰富，涵盖蔬菜、水果、粮食、畜牧产品等多个品类。近年来，通过优选品种、科学种植，不断提升农产品品质。例如，兴润家庭农场自成立以来，主要以绿色果蔬采摘及中药材为主，重点发展桑葚树、日本和新西兰新品种苹果树、日本玛莎莉、日本安纳芋、日本红瑶和澳大利亚紫白高端甘薯种植，开展测土配方施肥，实现了果蔬生产"五统一"管理，即统一产品标准、统一生产技术、统一土壤检测、统一管理措施、统一销售，生产的果品供游客采摘。农场同时推行种养结合，充分利用林下土地资源开展桑葚鸡、桑叶羊的养殖，从而实现资源共享、优势互补、循环相生、协调发展的生态农业模式。

（5）有力的政府支持与产业协同发展

政府高度重视农业品牌建设，积极整合优质资源，加大推介力度，推动农业向规模化、标准化、品牌化发展。如博野县与广东粤旺集团合作共建数字化设施农业示范项目，打造预制菜产业标杆，带动特色农业产业转型腾飞，实现了一、二、三产业融合与协同发展，为"博水之野"区域公用品牌的发展提供了有力支撑。

2. 品牌标识

博野是明代史学家刘吉，清代思想家、教育家颜元，当代著名生物学家牛满江的故乡，以地居"博水之野"故名。"博水之野"农产品集体商标就是来源于此（图12-1）。宣传用语：从田地到餐桌只为一口放心餐。

图 12-1 博水之野标志

三、博水之野品牌的运营模式

"博水之野"品牌通过政府主导统筹谋划，聚焦区域化布局、特色化生产、渠道化推广、标准化保护、产业化合作、精准化定位等多方面，加强农业品牌建设，提升"博水之野"品牌影响力和价值度，促进传统农业向现代农业转变。

1. 发展优势资源，规划区域布局

博野县土地肥沃有优质水源农产品质量一直较好，但由于农户生产经营经验较少，优质农产品销售渠道狭窄，没有可用商标。"博水之野"区域公用品牌的建立，以政府牵头引导龙头企业带动中小型农户扩大销售渠道，让农户充分认识到品牌在市场竞争和企业发展中的巨大作用从而引导广大农业经营者转变生产经营观念，进一步整合优势资源。

2. 依托标准生产，发展特色农业

在发展中要充分依托并整合区域优势资源，发展特色农业，培育主导产业，形成一定规模档次的地域品牌。多角度开展培训和交流，邀请农业龙头企业、农产品经营者参观学习农业先进经验，并邀请专家进行业务培训，形成互相带动的良好发展局面。

3. 多种渠道推广，策划品牌宣传

品牌构思到商标注册共历时8个月之久，博野县县委、县政府非常重视"博水之野"品牌培育、品牌建设及服务体系建设，在国家、省市县多家媒体宣传报道，组织参加各类农产品产业展销大会，进行品牌宣传。博野县乡村振兴局（原扶贫办）积极拓展"博水之野"集体农业品牌的宣传推广和品牌策划，提升"博水之野"的品牌知名度，拓展品牌网上销售渠道。2023年，博野县领导带队参加第二十届中国国际农产品交易会对博野农产品进行了深入的宣传推介，让"博水之野"区域公用品牌"立起来、亮起来、强起来"。

4. 规范使用制度，严格品牌保护

县委、县政府为了严格保护品牌价值，出台了详细的保护措施，并已申请注册商标。线上线下宣传推广并授权使用，组织、监督按规定使用该集体商标,负责对使用该集体商标的产品进行全方位的跟踪管理,对产品质量进行监督检测,协助工商行政管理部门及市场监督管理部门调查处理侵权、假冒案件,对违反规则的成员作出处理。

5. 整合科技资源,加强产学研合作

博水之野涉及 30 多家企业成员单位,设有高校科研单位教育基地、创业就业基地、产学研一体化平台等科研平台,常年与河北农业大学、保定市农业科学院专家教授保持联系,对博野县特色农产品进行科技支撑,获得了第二十三届中国(廊坊)农产品交易会优秀参展企业、省级示范农民合作社、全国百佳模范农场、中国著名品牌、全国 5A 级金牌农场、河北省巾帼现代农业科技示范基地等荣誉。

6. 精准品牌定位,服务中高端群体

区域公用品牌产业发展以中高端客户为服务群体,打造精而专的特色绿色有机源生态农产品,用良心做农业,从田地到餐桌,只为一口放心餐。销售状况良好,销售渠道健全、年销量、销售额、出口情况在行业领先;市场满意率高,市场占有率达 40% 以上,对行业发展起到积极促进作用。

四、博水之野品牌的建设效果

1. 提升经济效益

"博水之野"区域公用品牌的创建,提升了农产品附加值。博野农产品借助这一区域公用品牌,让原本普通的水果和蔬菜因品牌效应身价倍增,农民能获得更高收益。同时,扩大了市场份额,博野农产品凭借区域公用品牌,在全市、全省乃至国际市场知名度大增,销售范围不断拓展,销量得以提升。

2. 加快产业发展

品牌的创建,带动了上下游产业,延长了产业链条,提升了各环节的附加值。"博水之野"的品牌打响后,不仅农产品种植产业蓬勃发展,围绕其的包装、物流、加工等上下游产业也随之兴旺,创造更多就业岗位。同时,促进了产业标准化,为维护品牌形象,主要农产品所在产区推动了种植、采摘、分拣等环节标准化，整体提升产业水平。

3. 提高社会效益

助力乡村振兴，通过品牌建设让农产品更好销售，增加农民收入，"博水之野"区域公用品牌对当地乡村经济发展起到重要推动作用，改善了农村生活面貌，提升了区域形象，会让其产地博野等相关区域在全市乃至全省眼中更具特色和美誉度。

4. 提升消费者认知

"博水之野"为消费者提供了品质保障，消费者看到"博水之野"的区域公用品牌标识，会更放心购买，因为品牌代表着一定的品质标准。同时，便于产品识别，众多农产品中，有了这样的区域公用品牌，消费者能快速区分和选择自己想要的优质特色农产品。

第十三章 沧州品味南皮"九个一"发展模式

2020年9月,由河北省南皮县人民政府主办、南皮县农业农村局承办的"品味南皮"区域公用品牌发布会在河北省廊坊市举办。"品味南皮"区域公用品牌正式诞生,标志着南皮在品牌强农工作上进入了新的阶段。形成以"品味南皮"母品牌开路,带动子品牌发展的新模式,共同成就南皮农业品牌"金名片"。南皮县始终把研发培育本地农特产品作为县域发展的一项重要工作,重点特色产品有阿杜土鸡、寨子醋、祁家窝头、连胜酱菜、南皮彩麦、十八谷物面粉等20多家农特产品供应企业、合作社。南皮大力推进农产品区域公用品牌、企业品牌、农产品品牌建设"三位一体"的品牌战略,着力打造河北农产品系列知名品牌,形成了明确一个品牌主体、注册一个保护商标、设计一个整体形象、出台一套整体规划、制定一套准入制度、建立一套监管体系、制定一套宣传机制、健全一套营销体系、建好一支品牌队伍的"九个一"发展模式。

一、品味南皮子品牌简介

"品味南皮"区域公共品牌共有九大产品:祁家御膳窝头、崔秤砣鲁家香油、连胜酱菜、孙家老席八大碗、阿杜土鸡、永禾盛手工醋、广盛源寨子醋、英娘娘彩麦面、五格面粉。其中省市级非物质文化遗产的6家(祁家御膳窝头、孙家老席八大碗、阿杜土鸡、孙家老席、永禾盛手工醋、广盛源寨子醋),历史上曾被列为皇家贡品的有两家(祁家窝头、寨子手工醋)。

1. 崔秤砣鲁家香油

崔秤砣鲁家香油是"品味南皮"区域公用品牌旗下的子品牌之一。历史传承悠久，其制作技艺代代相传，历史底蕴深厚，承载着南皮当地的饮食文化与传统记忆。工艺独特，采用传统石磨工艺，以水代法制取香油，最大限度保留芝麻的营养成分和浓郁香味，使香油口感醇厚、香味纯正。原料优质，精选当地优质芝麻，从源头上把控产品品质，为香油的纯正口感和高品质奠定基础。品牌影响力扩大，自"品味南皮"区域公用品牌推出后，借助政府搭建的平台和一系列推广活动，崔秤砣鲁家香油的品牌知名度不断提升，销售范围逐渐扩大，从南皮当地走向更广阔的市场，让更多消费者品尝到这一地方特色香油。

2. 祁家御膳窝头

南皮小米面窝头，是南皮地方名吃，历史久远南皮祁家御膳窝头至今已有一百余年历史，已传承五代。2013年，南皮祁家御膳窝头被评为河北省非物质文化遗产，是南皮人民在劳动中创造出来的独具特色的饮食文化，是劳动人民的智慧结晶。

3. 连胜酱菜

连胜酱菜秉承北味之工艺，在发展中又融合吸纳扬州风味的原料特色，风格秉承南北之长，形色聚合两方之美。独有的工艺风格亦独树一帜。天然酱制造非常繁琐，每年只有"五一"前后的时间里做出来的才是味道最好的。制酱的原材料放入大缸，在温和的阳光下要晒制90天，然后取出装入纯棉的白布口袋，码放在黑红色枣木箱里榨汁。金黄色的酱汁一滴一滴汇聚在青花瓷的老酱坛子里，每满一坛用黄纸红泥密封窖藏。

4. 孙家老席八大碗

孙家老席八大碗是沧州老席"八大碗"的代表，也是沧州市级非物质文化遗产。自明朝永乐年间开始流传，至今已有600多年历史。精选新鲜猪后肘肉、五花肉、鲅鱼等，加入优质糯米、豆腐皮、鸡蛋等配料，经煮、炸、切、拌等多道工序后，放入粗瓷大碗上锅蒸，再浇上提前熬制三四个小时的高汤而成。菜品包括红肉、白肉、小肘、甲鸡、松肉、蘑菇肉、丸子、素吊等，搭配凉菜拼盘和鸡蛋汤，主食为米饭。作为"品味南皮"区域公用品牌旗下的子品牌之一，承载着南皮当地的饮食文化与传统记忆，是当地婚丧嫁娶等重要场合的传统佳肴，体现了当地的民俗风情和文化传承。

5. 阿杜土鸡

阿杜土鸡是南皮县地方名吃，历史久远，并取得了养殖收购，加工，卫生质量管理等多项许可认证，2014 年建设本地散养土鸡基地并与周边村部分贫困户签订收养土鸡养殖合同，2014 年在国家工商总局商标局成功注册阿杜鸡（ADUJI）商标。2015 年被评为沧州市第五批非物质文化遗产项目，2016 年至 2017 年被评为"冀字号"名店，2018 年在天津市国际肉类与进出口博览会上荣获"金质奖"，2019 年被河北省人民政府认定为"省级非物质文化遗产"，同年被评为河北省"燕赵老字号"，同年申请阿杜土鸡专利，并且成功入围，历经杜家五传承发展"阿杜土鸡"渐渐成为了当地饮食中的一朵奇葩形成了南皮的地方特产。

6. 永禾盛手工醋

南皮永禾盛调味品有限公司（原永禾盛老醋坊）位于沧州境内载入史籍最早的城邑——古皮城（现南皮县），周围全部为农田，水源充足，属于暖温带半湿润大陆季风气候区，冬季寒冷少雪春季干燥多风，夏季炎热少雨，秋季天高气爽，十分适合永禾盛手工醋的益生菌微生物的生长。属于酿造品的黄金区域。永禾盛手工醋味酸、甘，性平。能消食开胃，散瘀血，收敛止泻，解毒。用于油腻食积，消化不良，喜食酸物，或腹泻；衄血、吐血、便血；咽喉肿痛；食鱼肉菜蕈引起的肠胃不适；病毒性肝炎。

7. 寨子醋

南皮县广盛源调味品有限公司，坐落于河北省沧州市南皮县寨子镇，是一家拥有 130 多年的老字号企业。清朝光绪九年"广盛源"醋坊是南皮县寨子镇唯一一家老醋坊，生意遍及方圆几百里，经历多年风雨已初成一个体系。公司主要产品有寨子老醋、寨子老陈醋、寨子手工醋、翟家老醋、酱油、面酱、礼盒等。

8. 南皮彩麦

南皮彩麦是南皮县著名的地方特产之一，并成功注册"南皮彩麦"地理标志。南皮彩麦育种选择品质优良、单株生产力高、抗逆性强、经济系数高、不早衰的良种，含 18 种氨基酸，检测氨基酸的总含量为 14.75，较普通小麦高 76.9%，其中含有人体所必需的大量微量元素碘、硒、铜、锌、铁、锰、镁、钙、钾等微量元素。

9. 五格十八谷全谷物面粉

五格十八谷全谷物面粉产品按照"食物多样、谷类为主、平衡膳食、促进健康"的原则，甄选小麦、薏米、花生、黑豆、黑米、玉米、大米、红豆、大麦、糯米、豌豆、小米、荞麦、燕麦、黄米、香米、高粱、绿豆等18种谷物和豆类，经过科学配比、精细研磨，完整保留了谷物的谷皮、胚乳、胚芽中的膳食纤维、维生素和矿物质元素等全部营养成分，纯天然，无添加，不仅解决了多年来多种谷物复配的口感难题，还实现了18种谷物营养元素的科学配比，满足了人们均衡膳食的需求，有利于身体健康。

二、品味南皮品牌的特色

1. 品牌的独特性及优势

（1）统一规范化管理

南皮县农产品加工行业协会作为"品味南皮"商标的持有者、运营者、管理者，为了更好的为会员单位即"品味南皮"旗下企业提供服务，实现集中收购，统一线上线下销售，特制定品牌使用管理规范手册，维护品牌利益，保障"品味南皮"品牌健康有序的发展。

（2）独特个性化设计

基于"品味南皮"商标，结合品味南皮统一的品牌管理标准和品牌形象体系，打造"品味南皮"科学的品牌管理体系。将品牌形象统一的包装体系（盒、箱等）作为品牌管理的抓手，把"品味南皮"品牌产品与南皮其他非"品味南皮"品牌产品区别开来，与其他地区产品区别开来，与假冒伪劣产品区别开来，广泛并深入开拓"品味南皮"品牌产品的市场空间；运用品牌管理规范体系，维护广大从业者和消费者的合法权益，保护"品味南皮"品牌，促进产业可持续发展。

（3）悠久浓厚化历史

通过对南皮县本身的深入研究，我们发现南皮的这些产品大部分为御膳、贡品、中华老字号，具有悠久的历史，传承有序。品南皮高韵，尝古城味道——既体现了地域烙印,又凸显了产品价值,同时又便于品牌传播。品牌发布后,通过广泛的传播,使其在消费者心智中占据一席之地,为品"味南皮"赋能,提供溢价基础。

2. 品牌整体形象

(1) 品牌口号——"品南皮古韵,尝古城味道"

品牌的最终目的是实现与消费者的有效价值沟通,由于品味南皮并非单一产品,是多种产品的集群,同时产品均为深加工产品,因此赋予其更容易被理解的价值感来实现与消费者的有效沟通。凸显地域特色,南皮县历史悠久,是沧州境内载入史籍最早的城邑。品牌口号带有南皮县县名,是对无形资产的继承,不仅能彰显品牌的区域特征,更是一种文化自信。同时,以南皮县作为品牌的地域背书,能够有效起到以品味南皮为媒推介南皮县的作用,一旦品牌叫响,南皮县的知名度也能随之提升。提升产品价值,深加工产品不同于初级农产品,更讲究的是传统工艺、正宗味道,南皮寨子醋、阿杜土鸡、宋家五香鸡、鲁家香油、老席八大碗、祁家御膳窝头等产品,均有极强的地方特色和独家工艺,因此通过品牌口号的提炼赋予其更高的价值感。品味南皮确定了品牌口号"品南皮高韵,尝古城味道"后,为了进一步与消费者进行有效沟通,促进终端购买,还需要从地域特色、历史传承、独特工艺、口感味道等角度进行消费者买点的挖掘来对品牌口号进行价值支撑。

(2) 品牌标志(图13-1)

品牌标志在整体设计上紧紧围绕品牌名称"品味南皮"展开联想设计,以书简为原型进行艺术化创作,融入南皮名称,简约直观,专属性强。辅以极具中国特色的竹筷符号,表达食品的属性,传达品味南皮的美食文化悠久。竹简和竹筷是中华文化所独有的,承载了南皮的地域和文化特色,竹简缓缓展开,"南皮"小篆跃然而出,竹简突出历史的厚重气息,小篆古朴优雅,以象征吉祥如意的祥云纹饰衬托,让两者结合,尽显南皮文化古韵。竹简也是文学的象征物,南皮千年历史中文学气息浓郁,凸显南皮之高雅风韵。在颜色的选择上,选择了具有代表传统正宗、历史文化感的棕色系,稳重大气,与品味南皮的定位和文化相符(图13-1)。

图 13-1　品味南皮标志

（3）品牌形象

品牌形象，既可以是 IP，也可以是插画，是对品牌文化的浓缩和艺术化设计。针对品味南皮的品牌来说，插画形式更加适合，将品味南皮旗下的特色产品窝头、醋、土鸡、八大碗、酱菜、香油、彩麦做进插画，同时融入南皮名人代表张之洞，形成了一幅南皮特色产品集锦图。

三、品味南皮品牌发展模式

依托专业品牌策划，聘请设计公司对"品味南皮"进行系统的创意规划、设计。通过深入调研、梳理政府、企业、产业、产品发展现状，尤其是宋家五香鸡、寨子醋、祁家窝头、连胜酱菜、南皮彩麦等重点特色产业，挖掘产品内涵，明确优劣势，洞察市场机会，实施精准定位，从而为制定发展规划、品牌创意设计以及品牌营销策略提供战略方向。具体建设实施过程中按照明确一个品牌主体、注册一个保护商标、设计一个整体形象、出台一套整体规划、制定一套准入制度、建立一套监管体系、制定一套宣传机制、健全一套营销体系、建好一支品牌队伍的"九个一"要求，从差异化分析、品牌灵魂注入、统一视觉体系等专业角度出发，对品味南皮区域公用品牌进行内涵充实和塑造，实现品牌"规模化、标准化、定制化"发展。

1. 明确一个品牌主体

区域公用品牌一般是建立在区域内独特自然资源或产业资源的基础上，品牌权益不属于某个企业或集团、个人拥有，而为区域内相关机构、企业、个人等共同所有区域公用品牌，一般由协会作为品牌主体单位进行注册申报和管理。首先组织成立"南皮特色农产品协会"，并制定相关管理章程，协会成立后，由协会申请"品味南皮"相关知识产权保护，推动区域品牌全产业链开发。形成以政府为主导，协会为支撑、企业为主体的运营模式。

2. 注册一个保护商标

在品牌形象标志、字体设计完成后，由南皮特色农产品协会对"品味南皮"字体、标志等知识产权进行集体商标注册保护，从法律层面保护品牌的知识产权。

3. 设计一个整体形象

由专业品牌设计公司在系统、科学调研基础上，对品牌进行设计打造，通过挖掘县域文化、产品特点、市场差异等，提炼品牌口号、设计品牌标识、创作产品包装、并完善品牌周边宣传物料、识别系统等，为品牌传播提供视觉形象。同时为品牌拍摄影视宣传片，生动化表现品牌历史文化内涵、产品优势特点，宣传片完成后将在各类宣传活动中使用。

4. 出台一套整体规划

在明晰"品味南皮"产业、产品等发展状况、进行市场调研后，由农业规划管理机构联合政府、协会、企业等市场主体单位共同商议讨论"品味南皮"产业发展规划，在确定方向与目标后，由品牌管理公司为品味南皮制定未来3~5年的产业发展规划。从品牌建设、产业发展方向、品牌营销推广以及品牌管理等各方面制定可实施的具体规划措施，指导产业未来发展。

5. 制定一套准入制度

区域公用品牌使用主体为区域内所有的经济主体，因此必须加强品牌的保护。一是制定品牌授权管理以及准入、准出机制，由协会、主要企业等市场主体联合制定品牌管理标准，建立产品质量标准、品牌使用规范以及惩罚措施，从制度上对品牌使用主体进行管理，只有符合相关标准的企业、社会经营主体才能使用"品味南皮"品牌。二是支持产业化龙头申报认证驰名商标、中华老字号等荣誉，建立品牌差异与市场门槛，对品牌进行保护。目前宋家五香鸡被评为中华名吃、中国知名品牌、河北著名品牌等荣誉；寨子醋被评为中华老字号；祁家窝头为御膳窝头，其制作工艺是河北省非物质文化遗产、沧州市非物质文化遗产；连胜酱菜拥有百年历史，被评为中华老字号。

6. 建立一套监管体系

建立双向监管体系，由协会对区域公用品牌使用的市场主体进行监管，按照品牌使用管理条例，对相关市场主体的产品品质、包装等品牌使用规范、配合程度进行综合评判，对损害品牌形象的市场主体进行惩罚或取消品牌使用资格。同时由市场监管局、市商务局、市农业农村局等部门联合对相关市场主体经营行为进行管理、检查，依法处理相关违规违法行为，从法律方面保障品牌权益。

7. 制定一套宣传机制

持续的广告、宣传是提升品牌知名度与品牌资产的有效手段。在品牌打造完成后将通过持续的宣传推广手段，提升"品味南皮"品牌资产。一是举办"品味南皮"区域公用品牌发布会对品牌打造成果进行发布，利用发布会契机，邀约媒体代表、领导及渠道代表共同参会，通过系统的会议策划、会议宣传、会议形象包装，以官方口吻对外宣传推广"品味南皮"区域公用品牌，提高品牌知名度与美誉度。二是策划组织品味南皮区域公用品牌主题传播活动。根据品牌文化内涵、产品特点策划实施"品味南皮区域公用品牌主题传播活动"，讲好品牌故事，推广系列产品。三是利用网络媒体有节奏的对品牌进行宣传，提升品牌的网络资产。通过央广网、人民网、河北新闻网、河北广播电视台、腾讯客户端、网易、长城网等主流媒体、门户网站对品牌进行传播，总频次不少于 100 篇。四是利用抖音、快手等短视频媒体平台对"品味南皮"进行生动化传播，借助美食、农业垂直类账号，根据品味南皮产品特点，策划、拍摄相关美食短剧，对品牌进行生动化传播。利用大号私域流量的高粘性、高影响力增加潜在消费者。五是在省级电视媒体平台对品牌进行深入专题报道。利用官方媒体的公信力与美誉度为品牌背书，拟通过河北广播电视台农民频道《农博士在行动》《非常关注》《走进美丽乡村》等栏目，多角度对品味南皮品牌及系列产品进行深度传播。六是在省级电视媒体平台以硬广形式对品牌进行广泛传播，拟通过河北广播电视台农民频道，以广告宣传形式持续对品牌进行传播，以提升品牌知名度，同时配合其他活动，以营造矩阵传播效果。

8. 健全一套营销体系

积极组织"品味南皮"相关企业参与营销宣传活动，拓渠发展。积极组织企业参与相关展会，对专业观众、媒体、领导、渠道商展示品牌、产品，提升品牌在行业的地位，为品牌建立良好的发展环境，借助展会平台进行品牌宣传，通过策划、设计对展位进行包装，组织现场营销活动，渠道对接活动，优化品牌外部发展环境。同时为"品味南皮"建立网上商城，实现线上销售，品牌打造完成后，以"品味南皮的名义"建立线上商城，作为品味南皮产品售卖及品牌营销宣传阵地。将通过系统的策划、设计、组织行动，对产品详情页、宣传图等配套内容进行上传，让平台顺利运行。

9. 建好一支品牌队伍

2020年通过品牌建设资金对"品味南皮"区域公用品牌进行系统打造，利用建设契机，依托专业的品牌策划、设计机构，在调研、建设过程中对相关产业化企业市场部进行培训、指导，以提升企业营销水平，同时在品牌打造期间作为品牌的顾问机构持续的统领"品味南皮"的营销宣传工作。

四、品味南皮品牌建设效果

1. 提升经济效益

整合本地特色农产品与美食，像"崔秤砣鲁家香油""孙家老席八大碗"等子品牌，借品牌影响力拓宽市场，产品附加值增加，销量上涨，从业者收入提高。积极与电商平台合作，开展线上销售，打破地域限制，将南皮特色产品推向全国乃至国际市场，如将特色农产品、传统美食通过网络店铺售卖，增加销售途径，提升销量。加强与商超、连锁便利店等线下实体渠道的合作，铺货上架，提高产品的铺货率，方便消费者购买，从而提高产品的市场占有率和销售额。

2. 协同产业发展

围绕品牌凝聚农业、食品加工等多产业，以标准化、规模化生产要求，完善上下游产业链，如手工醋、香油产业带动原料种植、包装等环节，创造大量就业岗位。推动农产品深加工，延长产业链，例如将南皮的农产品原料加工成更具附加值的特色零食、礼盒等产品，拓展盈利点，提升整体经济效益。

3. 保障产品品质

为统一品牌形象，需要保障品质，让消费者识别优质南皮特产，收获信任，扩大消费群体，提升南皮产品市场竞争力。为确保产品品质，建立严格且完善的质量管控体系，从原料采购环节就严格把关，比如确保香油选用的芝麻、八大碗选用的食材都是优质上乘的，在生产加工过程中也遵循高标准规范，保证每一件推向市场的产品都质量可靠、口感稳定，让消费者买得放心。定期对产品进行质量抽检，并将抽检结果透明化向消费者公开，用实际行动展现对产品品质的重视，增强消费者对品牌的信任感。

4. 延续文化传承

挖掘南皮饮食文化内涵，传承百年老席、传统酿造等技艺，让古老工艺延续，强化当地人文化认同，也借产品传播提升南皮文化知名度。传承技艺保护，对旗下像手工醋酿造、老席制作等传统技艺加大了保护力度，鼓励老手艺人收徒授艺，培养新一代传承人，确保这些承载文化的技艺能够代代相传，从根源上延续文化生命力。为传统技艺申请非物质文化遗产，提高其文化地位与关注度，借助非遗的影响力更好地弘扬南皮文化。

5. 助力乡村振兴

品牌发展壮大使乡村产业兴盛，吸引人才返乡创业、就业，为乡村注入活力，改善乡村面貌，缩小城乡差距。以品牌为依托，发展休闲农业、乡村旅游等新业态，比如打造以体验孙家老席八大碗制作、品尝为主题的乡村美食游线路，带动餐饮、住宿等多方面消费，实现多产业协同盈利，助力乡村全面振兴。

第十四章 石家庄藁城宫米"文化赋能+全链融合"发展模式

藁城宫米是石家庄市藁城区地方特产，也是藁城"四宫文化"的代表产品之一。藁城宫米，为谷子加工去皮后的小米，米粒颗粒很小且均匀，外形呈黄色或是黄白色，质地较硬，制成品有甜香味，且营养价值高，素来受到百姓喜爱，而被视为食品之珍品。藁城盛产小米历史悠久，2018年申请"藁城宫米"地理标志证明商标，2020年获得"藁城宫米"地理证明商标证书。品牌管理相关部门各司其职、齐心协力，围绕产业培育、产业延伸。营销渠道建设、品牌宣传推广等方面分工协作，共同推进城官米区域公用品牌建设，并形成了"文化赋能+全链融合"的发展模式。

一、藁城宫米品牌简介

藁城宫米产自河北省石家庄市藁城区，这里地处太行山东麓冲积平原，地势平坦，土壤肥沃，滹沱河、磁河等河流提供了充沛的水源，属暖温带半湿润大陆性季风气候，四季分明，光照充足，雨热同期，非常适宜水稻生长。藁城种植水稻历史悠久，可追溯至汉代，据史料记载，藁城宫米在明清时期曾作为贡品专供宫廷，因其颗粒饱满、晶莹剔透、煮后粘而不腻、气味清香，深受皇室喜爱，由此得名"宫米"。

藁城区突出富硒特色为原则，计划在南营镇建成20 000亩的绿色高效富硒谷生产基地，发展绿色高效富硒谷喷灌全覆盖，促进一、二、三产业相融合，预计带动农户5 000余户，10余个农场，30多个种粮大户及合作社。以此为基础，全面开展品牌建设。由区政府主要领导决策品牌建设的战略方向，协调各职能部门，在各自管辖的领域内积极推进品牌建设的各项工作，保证品牌战略的高效实施，做好区域公共品"藁城宫米"建设，做响民族文化、提升产品质量及品牌，线上、线下两条战线相结合。

二、藁城宫米品牌的特色

1. 独特的自然与历史文化优势

藁城区自然禀赋优越，具有独特的地理位置和气候条件，造就了宫米独特的品质。这里的土壤富含多种矿物质和有机质，灌溉水源清洁无污染，为宫米的生长提供了得天独厚的自然环境，使得藁城宫米具有独特的口感和营养成分，富含蛋白质、维生素等多种营养物质。除此以外，南营镇马庄村是全国最大的小米加工集散地。富硒小米加工特色产业逐步发展壮大，形成了以南营镇马庄村为中心的我国最大的小米加工集散地，所产小米销往全国各地，占到国内小米市场份额的60%。

作为明清时期的贡米历史文化深厚，藁城宫米承载着丰富的历史文化内涵。其种植技艺传承至今，蕴含着当地农民的智慧和心血，是藁城地域文化的重要组成部分。通过挖掘和传承这一历史文化，为品牌注入了独特的文化魅力，提升了品牌的附加值和辨识度。

2. 规模化富硒生产基地

藁城区天然富硒地有得天独厚的优势，面积25.67万亩，南营镇地处高富硒地带，土地肥沃，成方连片，水源充足，适合富硒谷子的生长，有良好的发展富硒谷基础条件。藁城区是国家首批现代农业示范区，南营镇是该区传统农业强镇，地处天然富硒中心地带、平均硒含量0.47mg/kg，生产的谷子、玉米等作物含硒量高。由天然富硒土壤里长出来的小米，质量远远高于同类品种小米。硒元素是食物源抗氧化剂，被誉为"抗癌之王""心脏守护神""血管清道夫"，它对人体的作用不容小觑，天然富硒中心地带的藁城小米种植区，成为了极为优质的小米产区。建设绿色高效富硒谷子生产基地，进行品种改良和繁育，推广优质优良品种，做到统一供种，确保种子质量。加强富硒谷子生产技术培训与人才队伍建设，积极引进农业技术人才，进行基础培训做技术支撑，打造天时地利人和的富硒谷子生产基地。

从提高谷子供给质量出发，调整种植结构，促进产业由规模速度型粗放增长向质量效率型集约增长转变，合理安排品种比例，减少产量低、效果差的品种，增加优质、绿色、安全，价值高的品种，由数量扩张向质量提升转变；加快谷子品种选育进程，发展多元化产后加工，由初级加工向主食化加工转变，由初级产品向高精尖中高端产品转变，打造多层次，多类型产品，全产业链开发，全面升级产业效益。加强小米的种植，加工，贮藏，物流，包装，销售、售后等相关产业的整合。

3. 严格的质量控制体系及产品追溯

设高标准、高水平的小米质量监控和各种研究实验项目的高端产品开发平台及食品安全检测系统。制定了严格的《藁城宫米种植技术规程》，从品种选择、播种、施肥、灌溉到病虫害防治等各个环节都进行了标准化规范，确保宫米的品质稳定。加大执法检查力度，从源头上严禁高毒高残留农药的销售。在种植管理上严格把关，加大新品种新技术的推广力度，种植优良谷子种子培育，推广测土配方施肥、病虫害绿色防控等技术。

建设农产品溯源管理系统。农产品溯源平台的使用和建设，解决了消费者对农产品产地、种植过程等信息了解的需求，同时实现了特色农产品种植到实用过程的透明溯源，可以有效保护特色农产品品种的自主知识产权，减少仿冒对消费者和种植园带来的损害，保护原产地品牌。建立了完善的质量检测体系，对种植环境、种子、化肥、农药等投入品进行严格检测，对收获的稻谷进行重金属、农药残留等多项指标检测，确保每一粒宫米都符合高品质标准。同时，实行产品追溯制度，消费者可以通过扫描二维码等方式追溯产品的生产全过程，增强了消费者对品牌的信任度。

4. 品牌形象与标识

品牌口号为"千年贡米，品质传承——藁城宫米"，既突出了藁城宫米的历史传承，又强调了其品质优势，易于让消费者记住和传播。

品牌标志以"宫"字为核心设计元素，融入了稻谷、宫廷建筑等图案，整体设计简洁大气，既体现了藁城宫米的历史渊源，又展现了其作为优质农产品的特质。包装设计采用传统与现代相结合的风格，以黄色为主色调，象征着宫廷的尊贵，同时搭配精美的图案和文字，提升了产品的视觉冲击力和文化品位。

品牌包装旨在通过视觉传播的形式将藁城宫米推入市场，包装以其特有的宫廷设计元素将宫廷文化底蕴突出出来。使品牌优质品质为主要推广内容。给广大顾客以亮眼的视觉体验，将实用与设计相结合便于产品市场推广。

三、藁城宫米品牌运营模式

1. 政府引导，强化顶层设计

藁城区政府高度重视宫米产业发展，将其作为乡村振兴的重点产业之一，出台了《藁城宫米产业发展规划》《关于扶持藁城宫米产业发展的若干政策》等文件，从资金、土地、技术等方面给予支持。设立专项扶持资金，用于宫米种植基地建设、品种研发、品牌推广等方面。

搭建平台：成立藁城宫米产业发展领导小组，统筹协调产业发展中的重大问题。建立宫米产业协会，加强行业自律和协作，规范市场秩序。积极组织企业参加国内外农产品展会、博览会等活动，搭建品牌推广和市场拓展平台。

2. 科技引领，提升产业竞争力

与河北农业大学、河北省农林科学院等科研院校建立长期合作关系，成立宫米研发中心，开展新品种选育、种植技术研究等工作。近年来，成功培育出［具体品种名称］等优质品种，具有抗逆性强、产量高、品质好等特点，深受种植户和消费者喜爱。

推广应用智能化种植技术，如物联网监测系统、智能灌溉系统等智能化生产，实现了种植过程的精准化管理。引入先进的加工设备和工艺，提高了宫米的加工精度和效率，开发出了糙米、精米、营养米等多个系列产品，满足了不同消费者的需求。

3. 文化赋能，打造品牌特色

深入挖掘藁城宫米的历史文化资源，整理编写了《藁城宫米故事》，拍摄了品牌宣传片，讲述宫米的历史渊源、种植技艺和品质特点。举办"藁城宫米文化节"，开展贡米祭祀、米食制作体验等活动，增强了品牌的文化吸引力和感染力。

将宫米产业与乡村旅游相结合发展文旅产业，打造了宫米种植体验园、贡米文化博物馆等旅游景点，让游客亲身感受宫米的种植过程和文化魅力。开发了宫米主题的旅游产品和纪念品，如宫米礼盒、米雕艺术品等，延伸了产业链，提高了品牌的综合效益。融入古风文化，结合年轻化的汉服文化、汉文化举办藁城宫米汉文化节等延伸活动，赶上时代新潮流，依托于年轻群体与年轻文化，打造更加时尚年轻的深加工产品、周边产品及品牌，提升品牌溢价，增加产品附加值。

4. 全链融合，拓展市场渠道

构建全产业链以龙头企业为核心，构建了"种植基地+加工企业+销售渠道+消费者"的全产业链模式。种植基地负责提供优质稻谷，加工企业进行精深加工，销售渠道包括线下商超、批发市场、专卖店和线上电商平台等，实现了产供销一体化发展。加快发展智慧农业、体验型休闲观光农业，加速实现第二、第三产业价值向第一产业回流，积极运用"互联网+"，创新营销模式，打通流通新模式。融入地域文化，以小米产业链条为主线，支持企业在藁城区依托于特色的文化资源、非物质文化遗产等进行融合，依托于文化价值、文化产业的基础，助推区域公用品牌发展。于藁城宫米优势产区建立宫米文化主题公园、汉文化活动中心、科技集成创新中心、循环农业示范园、数字农业示范园等现代农业园区介绍，将谷子生态景观、生产基地、加工观光、农事体验、科普教育以及礼仪习俗险为一体，打造富有地域特色、环境优美、集"吃、住、行、游、购、娱"为一体的生态休闲农业旅游产业，促进一、二、三产融合发展。

拓展销售渠道加强与大型商超、连锁便利店等合作，在全国多个城市设立销售专柜和专卖店，提高产品的市场覆盖率。积极开展电商销售，入驻淘宝、京东、拼多多等主流电商平台，开展直播带货、社区团购等新型销售模式，拓宽了销售渠道，提升了品牌的知名度和影响力。

四、藁城宫米品牌保护措施

1. 建立藁城区小米产业建设领导小组

按照产业发展要求，建立藁城宫米产业建设领导小组统一负责全区小米产业的发展规划制定、市场建设、技术创新和技术引进等方面的工作。积极谋划好南营镇核心示范区的发展规划，使其成为全区现代农业建设的窗口，通过技术引进和创新，具备观光、休闲、采摘等生产、生态和生活功能，成为青少年的科普教育基地，赋予小米产业更丰富的文化内涵。

2. 加强知识产权保护

及时注册"藁城宫米"地理标志证明商标和集体商标，明确商标使用范围和管理规则，规范品牌使用行为。加强对商标的监管和保护，严厉打击假冒伪劣产品，维护品牌的合法权益。

3. 建立质量追溯体系

依托物联网技术，建立了藁城宫米质量追溯系统，实现了从种植、加工、仓储、物流到销售的全过程追溯。消费者可以通过扫描产品包装上的追溯码，查询产品的详细信息，包括种植户、种植时间、加工批次、检测结果等，确保产品质量可追溯、责任可追究。

4. 强化行业自律

宫米产业协会制定了行业自律公约，要求会员企业严格遵守质量标准和生产规范，加强自我监督和管理。定期组织开展质量评比、信用评价等活动，对诚信经营、质量过硬的企业给予表彰和奖励，对违规企业进行惩戒，营造了良好的行业发展环境。

5. 确立母子品牌架构

藁城宫米品牌战略的推进，先理顺公用品牌资源权属关系，确立母子品牌架构，以"藁城宫米"为母品牌，以企业品牌为子品牌，实现双牌同创，发挥聚合效益。首先要创塑母品牌，以"藁城宫米"证明商标作为品牌管理的法律依据，创建公用品牌，以公用品牌作为背书和产品名，培育子品牌，即引导企业、合作社创建并壮大自有品牌。品牌包装旨在通过视觉传播的形式将藁城宫米推入市场，包装以其特有的宫廷设计元素将宫廷文化底蕴突出出来。使品牌优质品质为主要推广内容。给广大顾客以亮眼的视觉体验，将实用与设计相结合便于产品市场推广。

五、藁城宫米品牌建设效果

1. 品牌影响力显著提升

2017 年石家庄电视台、河北电视台、农民电视台、藁城电视台专题报道，CCTV7 专题跟踪拍摄，河北日报头版头条。2017 年被评为最美人物称号，主要销售：河北、河南、山西、山东、北京、天津、江苏、湖北、重庆、西安等地多家大型超市、连锁店、农贸市场、礼品店等。

2. 产业规模不断扩大

品牌的发展带动了宫米产业的规模化、集约化发展。截止 2023 年，藁城宫米产地覆盖面积 20 000 亩，带动农户 4 600 户。近年来河北惜康农业科技有限公司组织农业规范生产、标准化生产的科技推广与培训 12 次，培训农民 2 460 余人。

3. 农民收入持续增加

宫米产业的发展为农民提供了稳定的就业机会和增收渠道。种植户通过加入合作社或与龙头企业合作，实现了订单种植，价格得到保障，收入显著增加。初级加工向精深加工的升级让企业变的强大起来，企业的重新改造及新技术的的引进为企业发展插上了翅膀，提升产品附加值，延伸产业链条、实现提质增效，拓展了农业产业链和价值链，让更多的农民群众获得更大利益，增加了就业率。同时，带动了包装、物流、旅游等相关产业的发展。

4. 经济效益和社会效益显著

以农业农村部产业强镇项目为依托，以农业供给侧结构性改革为主线，以现代特色农业产业提质增效和农民增收致富为出发点，以发展富硒谷子产业为抓手，深入挖掘和整合富硒农业资源，立足镇域产业优势，重点围绕打造以富硒谷全产业链发展为目标，坚持"创新、融合、发展、带动、富农"的理念，打造特色硒谷小镇。培育公共品牌，做大"藁城宫米"特色区域公共品牌，做强、做响民族文化及品牌宣传，营造民族文化氛围，做到品牌化、知名化、标准化、规范化，发展加工产业，推动初级加工向精深加工升级，壮大龙头企业，构建起新型农民利益连接机制,发展休闲旅游,促进一、二、三产业融合发展,将南营镇打造成富硒谷绿色高效种植示范区、高端特色富硒小米初级加工及精深加工产业区、富硒农业特色休闲旅游区,提升了当地的经济效益和社会效益。

第十五章　邢台巨鹿金银花"生态筑基+三产融合"发展模式

巨鹿金银花栽培历史悠久、集中种植面积广,拥有产量高、品质好、市场大、产业链条长等特点,巨鹿被评为"中国特色农产品优势区",金银花被评定为"中国百强农产品区域公用品牌""十大冀药"品牌。经过政府引导和政策激励,巨鹿金银花种植面积不断扩大,特别是近年来病毒性传染病的流行,以金银花为主的药品"连花清瘟胶囊"得到世界卫生组织的认可,国内外对中医中药的认识有了新的提高,金银花的知名度不断扩大,使金银花价格不断走高,效益凸显,激发了农民种植金银花的积极性。巨鹿金银花不仅成功注册国家地理标志证明商标,还获"河北省名优农产品区域公用品牌""中国农业品牌目录农产品区域公用品牌"等荣誉,并形成了"生态筑基+三产融合"的发展模式。

一、巨鹿金银花品牌简介

巨鹿县位于河北省邢台市,地处黑龙港流域,属于暖温带半湿润大陆性季风气候,四季分明,光照充足,昼夜温差较大,土壤以沙壤土为主,透气性好,富含矿物质,非常适宜金银花生长。巨鹿金银花种植历史悠久,可追溯至宋代,据《巨鹿县志》记载,当地农户世代种植金银花,其干花色泽鲜亮、绿原酸含量高,明清时期已成为著名的"药市"货源地。

目前,巨鹿金银花种植面积达38万亩,占全国总面积的1/4以上,年产干花8万吨,年产值超20亿元,培育了"巨鹿金银花"区域公用品牌,拥有"巨鹿金银花"地理标志证明商标,品牌价值达35亿元。全县现有加工企业120余家,开发出金银花茶、口服液、化妆品等8大系列120余种产品，产品畅销全国 30 多个省市，并出口至东南亚、欧美等地区，带动 10 万农户增收致富，巨鹿县被誉为"中国金银花之乡"。

二、巨鹿金银花品牌的特色

1. 独特的生态与品质优势

巨鹿县依托"太行山百里百万亩金银花产业带"建设，打造 30 万亩标准化种植基地，采用"林药间作"模式（金银花与杨树、核桃树间种），既提高土地利用率，又形成独特的生态小气候，减少病虫害发生。基地内全部施用有机肥，禁止使用化学农药，实现绿色种植。

巨鹿金银花绿原酸含量达 3.8%（国家标准≥1.5%），木犀草苷含量 0.15%（国家标准≥0.05%），药用成分远超国家标准，被《中国药典》列为道地药材，具备高附加值品质。其干花色泽青绿、花条均匀、杂质少，深受药企和消费者青睐。

2. 全链条质量管控

标准化生产体系：制定《巨鹿金银花种植技术规范》《金银花加工质量标准》等地方标准，从育苗、采摘、晾晒到加工全程标准化。推广"五月花""巨花一号"等优良品种，建立良种繁育基地，确保种苗纯度达 98% 以上。

智能化溯源系统：引入区块链技术，为每批次金银花赋予唯一溯源码，消费者可查询种植户、采摘时间、加工工艺、检测报告等信息。建立质量检测中心，年检测样品 5 000 批次，不合格产品严禁流入市场。

3. 品牌文化与形象

文化赋能：挖掘巨鹿金银花"千年药香"历史底蕴，整理《巨鹿金银花民间故事集》，拍摄纪录片《太行药谷·金银花传奇》，在央视及网络平台播放。举办"中国·巨鹿金银花文化节"，开展采摘体验、中医药文化讲座等活动，年吸引游客 20 万人次。

视觉识别体系：品牌 LOGO 以金银花花瓣为原型，融入"巨鹿"首字母"JL"，搭配绿色主色调，象征生态与健康；包装采用便携装、礼盒装等多种形式，印有"道地药材·巨鹿金银花"字样及道地性认证标识，强化品牌辨识度。

三、巨鹿金银花品牌运营模式

1. 政府主导：政策与科技双轮驱动

顶层设计与政策扶持相配套，巨鹿县政府出台《巨鹿金银花产业高质量发展规划（2023—2025）》，设立每年1 000万元产业基金，用于品种研发、加工升级和品牌推广。建立"县乡村三级联动"机制，由农业农村局牵头，联合药企、合作社成立产业联盟，统筹生产、加工、销售环节。

构建强有力的科技支撑体系，与中国医学科学院药用植物研究所、河北农业大学等合作建立研发中心，开展金银花抗逆品种培育、深加工技术攻关等项目，成功研发出金银花黄酮提取技术，使有效成分利用率提升30%。推广无人机植保、智能晾晒棚等现代化设备，降低人工成本20%。

2. 全产业链融合：从种植到康养的立体布局

产业链上游实现生态种植集群，推行"企业+合作社+农户"订单模式，企业统一提供种苗、技术和收购服务，农户按标准种植。目前全县90%以上农户加入合作社，种植基地实现规模化、规范化管理。

发展"金银花+生态旅游"，在基地内建设观光步道、采摘园，推出"花田认养"项目，游客可认养专属花田，体验采摘、加工全过程，年增收超500万元。

产业链中游实现深加工与产业升级，培育"巨鹿药业""银花堂"等龙头企业，引进超临界CO_2萃取、低温冻干等先进技术，开发金银花功能性食品、护肤品、保健品等高端产品，其中金银花口服液占全国市场份额15%。

建设金银花产业园，集聚加工企业80余家，形成"提取—制药—日化—食品"产业链，年产值突破15亿元。

产业链下游实现多元化市场拓展。稳定传统渠道，入驻全国各大中药材批发市场，与同仁堂、白云山等药企建立长期合作，年供应量达5万吨；在京津冀、长三角等地设立品牌专卖店50家。加强电商渠道，搭建"巨鹿金银花"官方商城，入驻天猫、京东、拼多多等平台，2023年电商销售额达 3.2 亿元；开展跨境电商业务，通过中欧班列出口至欧洲、东南亚，年出口额增长 40%。发展康养融合，依托金银花产业，打造"金银花康养小镇"，建设中医药体验馆、温泉疗养院等，开发金银花茶疗、药浴等康养项目，年接待康养游客 10 万人次，带动餐饮、住宿等产业增收。

3. 文化营销：构建"药香+文旅"品牌矩阵

打造节庆 IP，连续举办 12 届"金银花文化节"，邀请院士、行业专家开展学术研讨，发布《中国金银花产业发展白皮书》，提升行业话语权。结合非物质遗产文化，推出"金银花传统炮制技艺"展演，增强文化体验感。

跨界联名与数字营销，与故宫文创合作推出"宫廷药香"系列礼盒，年销量超 10 万份；联合抖音、小红书等平台开展"寻香巨鹿"话题挑战，播放量超 5 亿次。制作《本草纲目·金银花》AR 互动程序，用户可通过扫码了解药材功效，增强品牌趣味性。

四、巨鹿金银花品牌保护措施

1. 知识产权与地理标志保护

严格管理"巨鹿金银花"地理标志使用，制定《地理标志证明商标使用管理办法》，对申请企业进行资质审核，目前仅 20 家企业获得授权。建立侵权监测机制，联合市场监管部门开展专项执法，2023 年查处仿冒产品案件 8 起，涉案金额超 200 万元。

申请"巨鹿金银花"域名、短视频平台官方账号，构建品牌数字资产保护体系。

2. 质量监管与标准引领

建立"巨鹿金银花质量追溯平台"，接入农业农村部农产品质量安全追溯系统，实现从种植到销售全流程数据实时监控。

主导制定《金银花道地药材认证标准》，推动巨鹿成为全国金银花质量标杆，该标准已被 10 余个省市借鉴采用。

3. 可持续发展机制

实施"种质资源保护工程"，建立国家级金银花种质资源库，保存优良品种50余个，防止品种退化。

推广"金银花+光伏"生态模式，在种植基地上架设光伏板，实现"板上发电、板下种植"，年节约土地3 000亩，减少碳排放2 000吨。

五、巨鹿金银花品牌建设效果

1. 品牌影响力显著提升

2023年品牌知名度同比提升35%，在全国中药材市场占有率达28%，成为同仁堂等药企的核心供应基地。获"中国农业品牌目录产品""河北省区域公用品牌标杆"等荣誉，品牌价值较2020年增长60%。

2. 产业效益与农户增收双增长

种植户年均收入从1.2万元增至2.1万元，增幅达75%；加工企业年利润增长25%，带动就业2万余人。全产业链产值从2020年的12亿元增长至2023年的28亿元，年均增长率达32%。

3. 乡村振兴与生态效益双赢

通过品牌带动，巨鹿县建成10个金银花专业村、5个乡村振兴示范园，形成"一县一品"产业格局。金银花种植有效改善生态环境，全县森林覆盖率提升至35%，水土流失减少40%，实现"生态美"与"百姓富"有机统一。

巨鹿金银花以"生态为基、全链为脉"的发展模式，成为全国道地药材品牌建设的典范。未来将聚焦科技创新与国际市场拓展，推动"巨鹿金银花"成为具有全球影响力的中医药地标品牌。

第十六章　廊坊固安番茄"政产融和，多元推广"发展模式

固安番茄主产区位于河北省廊坊市固安县，种植面积达3万亩，年产量超过10万吨，是京津冀地区重要的番茄生产基地之一。固安县拥有1 200多户番茄种植户和100多家农业合作社，年产值突破15亿元，是中国北方设施番茄的核心产区。固安县整合政府、企业、科研机构等多方资源，构建起特色鲜明的番茄产业发展体系。坚持"政府引导、科技赋能、全链协同、市场导向"原则，着力推进"固安番茄"品牌向高端化、标准化、产业化方向发展，形成了"政产融和，多元推广"的发展模式。

一、品牌基本情况

固安县地处天安门正南50千米，位于京、津、保金三角腹地，处在大北京经济圈中心地带，全县面积698平方千米，耕地面积65.2万亩。固安县属于暖温带半干旱半湿润大陆性气候，雨热同季，四季分明，光照充足，温差较大，气候适宜，土壤肥沃，种植番茄历史悠久，拥有丰富的种植经验和成熟的种植技术。固安具有得天独厚的地理位置，这为固安番茄的种植提供了天然的优势。固安番茄，是河北省固安县特产，素有"京南第一鲜"的美誉。设施番茄是固安蔬菜的主导产业，固安番茄种植面积有3万亩，包括彭村乡、柳泉乡、牛驼镇、东湾乡等5乡镇和32个村，并带动1 200户农户从事番茄生产。固安番茄以其色泽鲜艳、果肉厚实、酸甜适口、营养丰富而闻名。

2022年，固安县的设施蔬菜产业得到了农业农村部的高度认可，被评为国家级环京津设施蔬菜产业集群，这一认定标志着固安番茄产业在区域

发展中的重要地位和影响力。为了更好地服务京津地区的市场，固安县建立了环京津周边的蔬菜生产基地，基地的建立旨在满足京津都市日益增长的高品质蔬菜消费需求。

"固安番茄"是省级农产品区域公用品牌，原味番茄被评为省级高端精品，培育了一批高品质番茄产业基地。固安番茄区域公用品牌的持有者为固安兴芦绿色蔬菜科技研发中心，品牌使用主体涵盖了固安县内的多家企业和合作社，包括河北兴芦农业科技集团公司、河北天绿食食品股份有限公司、固安县天绿食蔬菜种植专业合作社、固安县俊田粮食种植专业合作社联合社等，它们共同构成了固安番茄产业发展的坚实基础。带动了包括顺斋合作社、硕依合作社、禾地美合作社在内的100多家各类农业企业和经营主体。

二、固安番茄品牌的独特性及优势

1. 固安番茄品牌的独特性
（1）地理区位的天然枢纽优势

固安地处京、津、保金三角腹地，距北京天安门仅50公里，处于大北京经济圈中心地带，依托大广高速、京雄城际等交通网络，构建起"1小时进京下卫"的快捷物流通道，是环京津高端农产品供应的核心节点。这一区位优势使固安番茄能够实现"清晨采摘、午间入市"，精准对接京津超3 000万人口的高品质消费需求，成为京津市场"菜篮子"的稳定供应基地。

（2）气候与土壤的双重馈赠

固安属暖温带半干旱半湿润大陆性气候，四季分明，光照充足，年日照超2 500小时，昼夜温差达10℃以上，有利于番茄糖分积累；土壤为永定河古道沉积的沙壤土，疏松透气、富含有机质，配合深层地下水灌溉，形成了番茄生长的理想环境。独特的气候与土壤条件，造就了固安番茄"皮薄肉厚、酸甜适口"的独特口感，果实可溶性固形物含量达8%～12%，远超普通番茄（4%～6%）。

（3）口感型番茄的差异化定位

固安番茄以高端口感型番茄为核心卖点，主打"原味一号""普罗旺斯""草莓番茄"等品种，具有"皮薄可手撕、肉厚沙瓤化、汁多蜜甜香"的典型特征。例如，兴芦集团的原味番茄采用羊粪有机肥种植，甜度达8°~12°，是普通番茄的2倍，可直接作为水果食用，被消费者称为"会爆浆的天然维生素包"，在市场上形成鲜明的差异化竞争力。

（4）绿色种植的标准化范式

推行"有机肥料+物理防控+智慧管理"的绿色生产模式：全程使用羊粪、油渣等有机肥，替代传统化肥；采用防虫网、粘虫板、生物菌剂等绿色防控技术，农药使用量减少90%；配套智能温控大棚、水肥一体化系统，实现种植全程数字化监控。目前，固安番茄已获得绿色食品、有机认证，部分基地达到欧盟农残检测标准，成为"安全、健康、高品质"的代名词。

2. 固安番茄品牌的核心优势

（1）产学研融合的技术壁垒

固安县与中国农科院、北京农林科学院等科研机构建立深度合作，建成200亩智能育苗工厂，年育优质脱毒苗5 000万株，自主研发的"甜脆脆""京采8号"等品种，兼具口感与耐储性（货架期延长至15天），成为华北地区主推品种。例如，硕依合作社与省农科院合作的口感番茄试验基地，通过品种改良使单果产量提升20%，品质稳居行业前列。

（2）全产业链协同的增值效应

构建"育种—种植—加工—销售"全链条产业体系。上游：种苗繁育中心辐射京津冀、东北等地，年供苗量占区域市场的30%；中游：兴芦集团等企业建成净菜加工、鲜食菜肴等10余条生产线，日产能达20万份，产品附加值提升3倍；下游：打通"农超对接（盒马、物美）+电商直播（东方甄选）+社区团购"多元渠道，京津市场占有率超35%，高端商超售价达20~30元/公斤，溢价率超50%。

（3）区域公用品牌的集群效应

以"固安番茄"区域公用品牌为引领，培育了兴芦、顺斋、卡尔叔叔等一批高品质产业基地，带动100多家农业企业、1 200户农户规模化种植。品牌通过统一质量标准、统一包装标识、统一营销推广，形成"母子品牌联动"格局，2023年区域总产值突破15亿元，入选"河北省农产品区域公用品牌"名录。

（4）文化赋能的品牌传播矩阵

通过举办番茄文化节、采摘体验等活动，塑造"京南第一鲜"品牌形象；开发"番茄君"卡通 IP、文创礼盒，联动央视、京津冀主流媒体传播，品牌知名度达 82%。2023 年，固安番茄登上东方甄选直播间，单场销售超 50 万斤，进一步扩大全国影响力。

（5）联农带农的乡村振兴范本

创新"公司+合作社+农户"模式，兴芦集团通过"保底收购+技术培训"，带动彭村、渠沟等乡镇农户年均增收 4 万元；配套建设 5 万吨冷链仓储中心，解决季节性销售难题，同时吸纳 500 余人就业，形成"产业兴、农民富"的良性循环，被农业农村部列为"国家级农业产业强镇"典型案例。

三、固安番茄品牌的创新及发展

固安县的番茄种植始于 1989 年，经过 30 余年的发展，形成了自己的种植方式，并依托天然土壤优势，生产出了口感优良的番茄。20 世纪 80 年代，固安县开始推广大棚种植技术，番茄产量和品质得到大幅提升。近年来，固安县不断加大对番茄产业的投入，引进优良品种，推广现代化种植技术，形成了完整的番茄产业链，打造了"固安番茄"区域公用品牌。固安番茄以皮薄肉厚、满口生津、酸甜适中、可当水果食用、品种丰富多样、阶梯式种植、全年保供应等卓越的特点受到消费者的青睐，成为市场的"新宠"。这背后离不开科技的赋能和创新驱动。固安番茄的种植与培育是一个不断发展和创新的过程，经历了从传统种植到现代科技农业的转型，从新品种与技术的引进、绿色防控技术的推广、产业链的延伸、产销衔接的深化、农业科技支撑、供应链保证等一系列措施，不断丰富固安番茄的品质，确保产品的质量持续提升。"甜脆脆表皮薄又脆，还可以当水果吃"，充分体现了固安番茄作为口感西红柿的食用品质。固安番茄已经成为省级农产品区域公用品牌，原味番茄被评为省级高端精品。以河北兴芦农业科技集团公司、河北天绿食食品股份有限公司、固安县顺斋瓜菜种植专业合作社等为引领，通过科技赋能，构建起面向京津地区的高端精品番茄供应体系，筑牢了固安番茄产业发展的坚实基础。目前有100多家各类农业企业和经营主体从事固安番茄的生产和经营。固安番茄通过独特的品质和科技的加持，立足区位优势，开辟了农超、农餐、农食、电商等多种对接京津高品质番茄供应渠道，不断提升市场知名度和竞争力。

第十七章　衡水深州蜜桃"六工程+五提升"发展模式

深州蜜桃是河北省深州市特产,有着"群桃之魁"的美誉,是中国国家地理标志产品。近年来,深州市委、市政府立足深州历史文化与生态优势,举全市之力打造"深州蜜桃"区域公用品牌。为破解产业标准化程度低、品牌影响力不足等问题,由深州农业发展集团牵头,联合科研机构与龙头企业,组建"深州蜜桃"品牌运营中心,构建基地建设、品质提升、科技助力、品牌塑造、园区培育、平台建设六工程和品质、规模、产量、效益、市场占有率五提升发展模式。深州市坚持"文化引领、科技赋能、品质为本、市场导向"原则,着力实施"六工程+五提升"的区域共用品牌发展模式,推动深州蜜桃产业向高端化、集群化发展。

一、品牌基本情况

1. 优越的地理环境打造深州蜜桃卓越品质

深州蜜桃之所以被评为"桃中之魁",与其当地的水土条件密不可分。深州市地处北纬38°全球公认的黄金种植区,属于暖温带半湿润半干旱大陆性季风气候,主要受东部季风影响,冷热干湿差异明显。年平均气温13.5℃,年平均降水量467.0毫米,年平均相对湿度62.3%。年平均无霜期309天,年平均日照2 514.1小时,年平均风速1.7米/秒,为深州蜜桃生长创造了优越的自然条件,蜜桃可溶性固化物在17%以上。蜜桃集中生长地处滹沱河古道,地势相对较高,地下水位较低,水质矿化度低而甘甜。河流沉积物影响形成了深厚的沙质土壤,土壤颗粒极小,透水透气良好,养分丰富。再加之气候温暖,积温高,光照强,非常符合深州蜜桃的生长需求。

2. 千年悠久历史，斩获无数殊荣

1990年，第十一届亚运会组委会把深州蜜桃列为"亚运会指定产品"。1994年10月在全国林业名特优新品博览会上，深州蜜桃获得银奖。1999年9月，在中国国际农业博览会上，"深州蜜桃"被评为"名牌产品"。1999年11月，深州蜜桃被河北省质量兴省名牌兴企战略领导小组评为"河北省农业名优产品"。1999年，深州蜜桃在昆明世界园艺博览会上荣获铜奖。2001年4月，深州市被河北省林业局命名为"河北省优质桃生产基地县"。2001年8月，深州市被国家林业局命名为"中国蜜桃之乡"。2004年、2012年连续两次，深州蜜桃被评为"河北省优质产品"。在第十八届中国农产品交易会上深州蜜桃被评为桃类"果王"（河北省唯一），被省旅游局评为第一批"河北旅游必购商品"，并成功由国家市场监督管理总局宣布对深州蜜桃实施地理标志产品保护，"深州蜜桃"于2016年12月成功注册为衡水市首个地理标志证明商标，填补了衡水市多年以来没有此类商标的空白，同年河北省首届农业品牌系列评选深州蜜桃成功入选首届十佳农产品区域公共品牌名单，这标志着深州蜜桃被正式评委省级区域品牌。深州市自1994年开始举办桃花文化节和蜜桃采摘节，共举办了25届，被中央电视台CCTV-1、CCTV-2、CCTV-7、新闻频道、人民日报等国家级媒体宣传19次。

二、深州蜜桃品牌的特色与优势

1. 品牌的独特性

（1）千年传承的皇家基因

栽培历史可追溯至西周，汉初规模化种植，西汉设"桃侯国"，明清列为皇室贡品，传承2 600余年从未间断。"刘秀走深州""何仙姑食桃成仙"等传说赋予品牌神秘色彩，《深州风土记》《直隶工艺志初编》等史料记载其"北国之桃，深州最佳"的地位，是"满汉全席"四大鲜果之首，文化底蕴独一无二。

（2）外观与品质的标杆性

果实长圆形，果顶突出带尖，向阳面布红霞，单果重350 700克，果肉乳白至淡黄，近核处显紫红色射线，具"沟深、嘴凸、肚圆、身正"的典型特征。刀切果汁不外溢、口咬顺嘴流，蜜香味浓且持久，被誉为"桃中活化石"，《西游记》中蟠桃原型即源于此。

（3）生态种植的可持续性

采用"古法种植+现代科技"模式，减少化肥使用，有机肥覆盖率超80%；推行绿色防控，频振式杀虫灯、糖醋液诱捕、迷向丝防虫等技术全覆盖，废弃纸袋、树枝回收率分别达85%、91%，实现"零污染"生产，获绿色食品、地理标志双认证。

2. 品牌的优势

（1）科研赋能的品质壁垒

与浙江大学合作发现新型抗衰老因子 SZMT01，首次从蜜桃中提取可延缓衰老、治疗老年痴呆的活性成分，相关研究已申请专利并进入临床试验阶段，赋予产品不可复制的科技附加值。

（2）文化 IP 的强辨识度

以"千年贡品"为核心定位，连续 25 年举办桃花文化节、蜜桃采摘节，联合央视、人民日报等国家级媒体宣传 19 次，打造"皇家贡品·桃中之王"品牌形象，品牌知名度达 85%，入选"河北旅游必购商品"。

（3）高端市场的定价权

突破传统称重销售模式，实行"按个装箱"（6个/箱或8个/箱），单果售价 2 050 元，溢价率超 30%。产品覆盖京津冀高端商超、电商平台，出口东南亚、中东等地区，京津市场占有率超 40%。

（4）全链融合的产业生态

构建"种植科研加工文旅"一体化链条：上游建立古树种质库，中游开发蜜桃汁、冻干片等深加工产品，下游拓展"蜜桃采摘+田园观光"文旅业态，年带动旅游收入超 2 000 万元，农户年均增收 2 万元以上，产业综合产值突破 5 亿元。

（5）标准引领的质量保障

制定《深州蜜桃生产技术规程》，规范育苗、修剪、采摘等 21 项流程，建立"从田间到餐桌"全程追溯系统，实现种植环境、投入品使用、加工包装等信息可查可控，产品抽检合格率 100%，获"国家级农业标准化示范区"认证。

三、深州蜜桃的历史与文化

深州蜜桃有 2 600 多年的栽培历史，是中国北方桃系的典型代表，被称为"桃中之魁"。深州春秋属鲜虞，根据历史考证，桃树已经成规模化为民间所种植。至西汉初年，深州因所产蜜桃闻名天下而得名"桃县"，后改为"桃侯国"，汉高祖十二年（公元前 195 年），立刘襄（即项襄）为桃侯，后共有六代桃侯在此袭职，元鼎五年（公元前 112 年）桃侯因给皇帝助祭金不足而被免，自此桃侯国废。西汉末年，王莽改桃县为桓分县。汉光武帝刘秀登基桓，桓分县又改为桃县。《深州风土记》载："汉时深州土产桃，往时有桃贡，霜下始花，隆暑方熟，北国之桃，深州最佳，谓之蜜桃。"明代深州蜜桃开始大量栽培，清朝道光年间桃树发展到 10 多万株，分布于 30 多个村庄。光绪三十三年（1907 年）出版的《直隶工艺志初编》载："深州蜜桃分红白两种，每枚自数十文至百余文，熟年收三四十万枚或五六十万枚，歉岁不及其半行销保定、天津"。1928 年 12 月《调查报告》称："深州之西北乡桃树不少，所产蜜桃亦甚著名，农历八月初一前后贩桃者纷集该县"。近代诗人张志真"过深州蜜桃园"一诗中写道："深州蜜桃汉起源闻名天下，古今谈三月桃花红似火，尽是春风来点燃"。每到蜜桃成熟时节，桃农们就用车、担把挑选的桃子送往京城，深州蜜桃在滹沱河故道这片古老的土地上，经过漫长的栽培和良种选育，形成了独具特色的地方名优特产，成为历代皇室贡品，是"满汉全席"四大鲜果之首。

深州蜜桃的传说故事有汉代蜜桃传说刘秀走深州，唐朝何仙姑吃深州蜜桃成仙，明代桃根与桃花仙子种仙桃等。史话有明代冯保进贡深州蜜桃，清代马辉堂松桃慈禧御封。民国时期，深州蜜桃在京城已经家喻户晓，北平民间不仅有歌谣传唱，多个刊物也对其进行了介绍。1935 年《河北通志稿》记载："今桃有数种，北地则以大桃多浆如深州桃者为贵。"新中国成立初期，深州蜜桃逐渐发展的越来越好。到 1959 年，深州市共有蜜桃 22 万株，其中结果蜜桃 1 438 株。20 世纪七八十年代，深州蜜桃迅猛发展。1982年《全国名特产品》河北篇里深州蜜桃位居首位。全国人大常委会原副委员长王光英为题词为"深州蜜桃，果中之王"，进入了21世纪深州蜜桃仍然在续写着不朽的传奇。

四、深州蜜桃的品牌发展经验

1. 科技赋能标准化种植，筑牢"金字招牌"品质根基

深州以"衡字号"果蔬高品质发展为目标，将科技融入种植全链条，打造蜜桃产业"硬实力"。

（1）古法传承与现代科技融合

依托河北农业大学、省农科院等科研力量，推行"古法种植+科技改良"模式：以麻酱饼、豆粕等有机肥替代化肥，采用杀虫灯、除虫板等物理防虫技术，还原"刀切不流水，口咬顺嘴流"的原生口感。例如，西马庄村桃农通过还原古法种植，使蜜桃凭借纯正品质赢得稳定客源，带动周边农户效仿，重塑深州蜜桃口碑。

（2）示范基地与项目驱动规模化

聚焦"京津冀绿色农产品基地"定位，构建"示范片区+示范带"产业格局。2024年在深州镇等5个乡镇建设高品质果蔬示范片区，带动新建和改造设施果蔬超2 000亩。落地"深州蜜桃产业现代化技术创新应用示范推广"项目，推动种植专业化、连片化。此外与北京新发地签订保供基地协议，强化产地直供能力，巩固"衡字号"果蔬在京津市场的供应地位。

（3）"公司+基地+农户"利益联结

御桃庄园等企业通过"承包闲置土地+统一管理+保底收购"模式，将分散农户纳入标准化生产体系。例如，冠一果品专业合作社吸纳200户社员，辐射300多户果农，实现种植技术统一、产品品质统一、销售渠道统一，确保"衡字号"蜜桃从枝头到市场的品质稳定性。

2. 数字电商驱动+全链协同，擦亮"金字招牌"市场底色

深州以"互联网+"为引擎，构建"线上线下联动、产销储运一体"的现代流通体系，让"衡字号"蜜桃突破地域限制。

（1）电商平台与网络营销矩阵

依托河北鲜天下网络科技有限责任公司等本土电商平台，创新"互联网+农村超市+农户"模式：平台直供全市465个村及周边县市500家超市，通过数字大屏实时分析销售数据，精准对接市场需求。桃农积极"触网"，通过微信朋友圈、直播带货等渠道直销，如65岁桃农张登高通过线上渠道单日销售超1 000箱，蜜桃远销广东、浙江等地，部分合作社线上销量占比超50%。

（2）"数字经济+品牌营销"双轮驱动

河北鲜天下网络科技有限责任公司等企业通过大数据分析优化供应链，御桃庄园等主体借助短视频、原产地直播等形式传播"桃文化"，将蜜桃与"寿文化""节庆文化"绑定，打造"网红爆款"。例如，桃花节期间通过线上直播吸引数十万网友互动，推动"线下采摘+线上抢购"融合，进一步放大"衡字号"品牌声量。

3. 龙头企业引领，厚植"金字招牌"产业厚度

深州以富瑞特食品有限公司等龙头企业为引领，构建"生产+加工+文旅"全产业链，让"衡字号"蜜桃从"单一卖果"转向"多元卖文化"。

（1）深加工撬动高附加值

深州富瑞特食品有限公司作为农业产业化龙头企业，年加工水果8 500吨，生产罐头、果汁、果酱等产品，95%出口日本、德国等市场，其中软白桃罐头进入日本养老院、幼儿园，成为"衡字号"国际名片。同时，企业开发桃花酒、桃香醋、桃木工艺品等衍生产品，如御桃轩的桃木剑单件售价超3 000元，推动产业从"初级农产品"向"文化消费品"升级。

（2）"龙头+基地+农户"联农带农

富瑞特食品通过"订单农业+技术培训+资产收益扶贫"模式，年收购基地原料3 000余吨，带动1 497名贫困人口年人均增收372元，农闲时提供300多个就业岗位，实现"企业增效"与"农民增收"双赢。鲁花浓香花生油、五得利面粉等企业落地，进一步壮大农副产品加工产业集群，2023年前三季度该集群营收达22.07亿元，增幅26.72%，成为"衡字号"产业支柱。

(3) 农旅融合塑造品牌 IP

以"人面桃花爱在深州"为主题,串联蜜桃观光园、桃花节、采摘游等业态,年接待游客超 20 万人次。将蜜桃与"刘秀走深州"等历史传说结合,推出"桃你欢心""甜蜜共享"等文化产品,形成"春赏桃花、夏品鲜果、秋观红叶、冬享农趣"的四季体验,使"衡字号"品牌从"农产品"升华为"文化符号"。2024 年,"深州蜜桃"品牌价值达 4.98 亿元,品牌声誉位列全国第 28 位,成为"衡字号"果蔬标杆。深度挖掘深州蜜桃 2 000 多年历史底蕴,将其定位为"燕赵文化名片",通过《深州蜜桃主题文化资源与数字化文创产品研究》等学术成果构建文化评价体系,以层次分析法量化资源价值,为品牌建设提供理论支撑。开发微信小程序、短视频等数字化载体,传播桃文化、寿文化,推动"衡字号"从区域品牌向全国 IP 跨越。